/ 职业经理人必读系列 /



# 互联网金融产品经理必读

## 从金融业务解析到互联网产品设计实战

降峰 ◎ 著

企业管理出版社
ENTERPRISE MANAGEMENT PUBLISHING HOUSE

**图书在版编目（CIP）数据**

互联网金融产品经理必读：从金融业务解析到互联网产品设计实战 / 降峰著 . -- 北京：企业管理出版社，2023.1（2023.11 重印）

ISBN 978-7-5164-2688-3

Ⅰ . ①互…　Ⅱ . ①降…　Ⅲ . ①互联网络 – 应用 – 金融　Ⅳ . ① F830.49

中国版本图书馆 CIP 数据核字（2022）第 163331 号

---

**书　　名**：互联网金融产品经理必读：从金融业务解析到互联网产品设计实战
**书　　号**：ISBN 978-7-5164-2688-3
**作　　者**：降　峰
**责任编辑**：刘玉双
**出版发行**：企业管理出版社
**经　　销**：新华书店
**地　　址**：北京市海淀区紫竹院南路 17 号　**邮编**：100048
**网　　址**：http://www.emph.cn　**电子信箱**：metcl@126.com
**电　　话**：编辑部（010）68701661　发行部（010）68701816
**印　　刷**：北京亿友创新科技发展有限公司
**版　　次**：2023 年 1 月第 1 版
**印　　次**：2023 年 11 月第 2 次印刷
**开　　本**：700mm × 1000mm　1/16
**印　　张**：14.25 印张
**字　　数**：218 千字
**定　　价**：68.00 元

---

# 12 位业内专家联袂推荐

产品经理岗位的发展已经进入了垂直细分阶段，我一直觉得更好的细分是在“问题域”而不是“解决方案域”，而金融领域就是一个很好的问题域，既很大，又会长期存在。如果能把“金融”“互联网”和“产品经理”这三个关键词很好地融合在自己身上，你的职场之路一定不同凡响。

**苏杰**　产品创新顾问、《人人都是产品经理》系列图书作者

今天的金融科技持续高速发展，以云计算、大数据、人工智能等新技术不断助力赋能金融领域，下一步如何更好地打造“千人千面”的创新产品设计，如何构建“一人一策”的金融服务模式，成为技术时代金融领域的新挑战和新机遇。期待这本真正出自互联网产品经理之手的互联网金融产品设计著作，能够帮助产品侧相关从业者脱颖而出。让我们通过产品设计推动金融行业的数字化转型升级！

**刘付强**　msup 创始人兼 CEO、北京微上信息技术研究院院长

互联网发展到今天，依靠简单玩法和抢占流量红利打天下的时代已经结束。无论是产品经理还是运营经理，都更需要深扎于“具体产业”，充分理解行业和业务，才能创造更大的价值。这本书也秉持着这样的视角。如果你是身在金融相关行业的产品、运营等领域的从业者，需要深入了解和学习金融行业的数字化运营、产品设计，这本书特别值得你认真一读。

**黄有璨**　畅销书《运营之光》系列、《非线性成长》作者

作为一名合格的互联网金融人，一定需要学习和理解金融知识，才能更好地开展工作。本书由浅入深，从互联网金融一线工作者的实战视角，详细阐述了互联网金融产品经理工作中遇到的名词和知识点，相信可以帮助读者快速提升工作效率。

**老曹** 起点课堂、人人都是产品经理社区 CEO

金融行业处于快速变革和创新的时代，传统银行和互联网金融企业的文化融合和科技共创是十分重要的课题。作为金融行业的产品经理，需要对金融行业全貌和互联网产品设计思维有充分的认知，提升自己的职场战斗力。本书有粗有细，清晰易读，是一本工作中的案头书，推荐阅读。

**李旭佳** 浦发银行总行信息科技部创新研究中心 创新产品负责人

产品经理的思维和工作方法已经深入到各行各业了，以产品经理的视角、产品设计的方法和金融结合，有更大的市场空间和潜力。不管你是想深入行业还是想了解金融业务，这本书都能给你带来很大的帮助。

**布棉** 三节课联合创始人、《做课》畅销书作者与降峰老师相识多年，降峰老师对很多问题都有深刻的洞见，特别是在互联网金融产品设计领域。很高兴能看到这样一本关于互联网金融产品方法论的书。对于想进入这个领域的年轻人，无论是想入门的应届毕业生，还是努力进阶成长的职场人，这本书都非常具有参考价值。

**孟令峰**　互联派创始人兼 CEO

未来产品经理的核心竞争力之一是和行业的深度融合，这对产品经理提出了更高的要求，不仅要懂产品，还需要懂业务。本书是围绕互联网金融产品的深度剖析，作者有丰富的从业经验，对于互联网金融产品经理会是一本佳作。

**唐韧**　《产品经理必懂的技术那点事儿》作者、公众号“唐韧”主理人

本书结构化地讲解金融产品的知识体系，并详细剖析了金融产品规划和全过程设计，既有金融业务、又有产品知识，加上丰富的信贷案例拆解，是一本难得的互联网金融产品设计专著。这本书是金融产品入门、进阶、实战的方法指南，推荐金融行业产品经理、运营经理及传统金融机构从业人士阅读，您将从书中受益匪浅。

**朱学敏**　华创微课 CEO、《金融产品方法论》作者

互联网金融一直是产品经理从业的重要领域。本书深入浅出地介绍了互联网金融领域的知识与产品经理的技能，适合快速入门和能力提升，推荐大家阅读。

**李宽** 《B端产品经理必修课》作者

传统金融行业的数字化转型是未来的发力方向，作为互联网金融的从业者来说，流程设计、客户经营、数据分析是必修课。本书由浅入深，内容包含前端产品设计、后端中台系统设计和金融产品经理的必备知识等，是一本实战派的入门和晋升读物，值得品读！

**钱勇** 惟客数据副总裁、前中国平安HRX首席数据官

互联网金融在过去的几年里得到了快速发展，对传统金融行业造成巨大冲击，随着数字化时代的到来，对金融业的影响必将更加深刻。因此，互联网金融跨界人才也成为金融行业争抢的对象——互联网人才缺乏对金融业务的深刻理解，传统金融人才又不具备互联网产品设计思维。能把互联网产品思维和金融知识相结合的专著是目前垂直细分领域的产品经理所急需的，本书填补了这个空白！作者将多年在互联网金融行业的实践经验进行系统的总结提炼，无论是想要入职互联网金融企业的同学，还是已经在职的产品经理，都能在阅读本书中获得专业知识的完善，以及能力上的提升。

**张泽晖** 光环国际CEO兼创始人

# 序言：追随给我们幸福感的那束光

很高兴你如约而至，看到本书，和我一起探索互联网金融的知识海洋。

我叫降峰，江湖爱称“小山老师”。2005 年进入互联网行业，一直从事互联网产品经理相关工作，目前已经有 17 个年头了，参与和见证了互联网娱乐、社交、航旅、电商和金融行业的起起伏伏。曾经在海南航空集团担任互联网产品总监和副总经理，目前就职于国内某知名互联网金融科技企业，担任互联网金融资深产品经理，同时也是企业的认证内训讲师和多家互联网咨询服务机构的特邀嘉宾，“人人都是产品经理”专栏作家，累计帮助五千余人在职场中快速找到适合自己的职业方向。

## 为什么写这本书

市面上有很多关于互联网产品经理的图书，也有很多金融方向的图书，前者大部分出自互联网企业的从业者，而后者多来自金融专业的专家学者，偏重学科知识和系统理论，阅读起来稍显枯燥和复杂，如果不具有金融专业学习背景或者不熟悉传统金融行业，较难吸收和运用。

如今，互联网金融和金融科技方向十分热门，大量的互联网企业进入金融行业，收购金融牌照，开拓金融业务，大量招募懂互联网又懂金融的复合型人才。在此背景下，求职者对快速补充相关知识和进行知识串联十分渴求。我觉得这是一个很大的市场，也是一个很有价值的机会。

我从 2018 年开始将自己的日常工作心得和各种学习成果进行梳理并总结成文，陆续发布到微信公众号和主流产品经理网站上，试图对互联网金融的相关知识进行结构化输出，意外地获得了很大的反响（多篇文章获得“10 万 +”的阅读量），也认识了一批想进入互联网金融行业的产品经理和金融行业的前辈，并得到他们的认可和鼓励。很多人都建议我写一本书，把自己的经验传播给更多的人。但当时碍于时间和精力所限，此事并未提上日程，不过我一直都在坚持写作和总结。

我是这样一个人：没有想清楚的事情不会轻易开始，但是一旦决定，就会尽力达成！

真正决定出版自己的专著是在 2019 年，一位前辈告诉我："一本书很难做到面面俱到，重点解决一部分人的需求就是有价值的。写书重在坚持！"同年也陆续有一些出版社联系我，问我是否有意向把自己的文章结集出版。就这样，出版计划正式启动。

为了搞清楚图书出版的流程，提升自己的文学水平和金融知识储备，我花了不少功夫，周末时间泡在图书馆阅读专业学者编写的金融书籍，参加张晓媛老师的图书出版课。边学边整理，陆续产出了一些内容。

由于工作实在太忙，写作又需要灵感，计划实施起来其实并没有那么顺利。很多个周末我都在图书馆里度过。写写停停，到了 2022 年。值得庆幸的是，在这段时间，我接触了更多更深层次的金融知识和更复杂的业务系统，这些都让我的业务能力、提炼能力持续提升，这一切都有助于我更好地进行内容的结构化沉淀。

写作着实不易，著书的初衷从未改变，我要写一本真正出自互联网产品经理之手的互联网金融产品设计图书，这是我近期的梦想。我知道，主动选择，才能接近梦想。

"积极心理学之父"塞利格曼曾经说过，人生需要有自己的幸福感。这本书是我和世界对话的一个出口：表达认知、输出经验、传递观念、帮助他人。我抬起笔的那一刻，南太平洋的海鸥正掠过海岸，北极圈的夜空五彩斑斓。世界很美，我用笔与世界对话，期望对互联网金融这个行业有一点点贡献。也许这种贡献要很久才会展现出来，好比一滴落入水中的浓墨，渐渐舒展，最终呈现自己的姿态。

抬头看，这里有一束光，一束能带来幸福感的光，为有准备的人而来，指引我们的美好未来，期待与你一起成长。

## 本书的读者

- 希望转行到互联网金融行业的互联网产品经理和运营经理
- 1~5 岁的互联网金融相关方向的产品经理及运营经理

- 传统金融机构及其他企业的产品经理和相关人士
- 希望快速了解互联网金融相关知识的其他行业人士
- 准备进入互联网和互联网金融行业的大学生

## 本书的特色

这是一本真正出自互联网产品经理之手的互联网金融产品设计专著，17 年经验沉淀，通俗、易懂、实用，用您能听懂的话讲我们共谋的事。

本书可以快速解决两类人群的核心痛点：快速入职和能力提升。

- 想入职互联网金融企业的读者：

可作为备考备战蓝宝书，快速补充必备金融知识，提升自身专业度，增加面试成功率。从简历提炼到工作实战，全面提升职场综合战斗力。

- 已经在互联网金融企业的产品经理：

从更高维度了解互联网金融知识全貌，打通互联网产品和金融产品的知识边界，提升职场话语权，建立职场壁垒。

各章节互相独立又彼此串联，可供随用随查。本书完全不同于市面上的金融类图书和学科教材，没有生涩的方法论，只有每天工作中听到、用到的各类词语和项目执行内容，实用、简单，让你直接吸收知识并将其运用到工作中。

## 如何阅读本书

本书从互联网金融产品经理定义和分类开篇，引入金融行业的发展历程及互联网金融必备知识，同时针对金融业务设计及产品设计展开论述，然后介绍互联网产品从 0 到 1 的完整设计周期，最后讲解职场成长方法论、综合能力提升及简历优化等内容。

建议大家按照章节顺序阅读，可以由浅入深地对互联网金融的相关知识和产品经理必备技能及相关能力有全面的认知。如果你想解决某一类特定问题，比如涉及风控知识、信贷金融实体六要素设计、项目管理驱动方法等，也可以直接选择对应章节解决当下的困惑。

第 1 章论述了互联网金融产品设计的基础逻辑，同时对互联网金融产品经理这一职业进行分类和特点分析；结合金融行业的垂直属性，给出了职业方向和细分领域的选择建议，帮助读者建立宏观层面的基础认知。

第 2 章开始帮助读者建立认知体系，从金融的本质，到互联网金融的公司模式拆解，重点针对工作中必懂的知识进行详细阐述。本章节的学习对后续章节内容的理解具有重要意义，信息量较大，建议反复精读。

第 3 章正式进入互联网金融产品设计的主题，从金融核心三大业务关系开篇，重点讲解信贷业务的底层产品逻辑和核心闭环流程，涉及金融产品、前端产品和后端产品。本章节是互联网信贷方向产品经理日常实操工作的知识汇总，建议新入门者通读，形成线性认知，已经负责信贷产品设计的读者可以根据自身实际，有针对性地阅读和深入理解。

第 4 章论述互联网产品经理的必备能力，将本人在互联网知名企业工作的经验和心得进行提炼和升华。所述从需求洞察出发，囊括竞品分析、方案设计和项目管理等全闭环工作流程，呈现了一套不局限于金融行业，适合所有互联网产品经理的工作方法论，希望有助于读者提升工作效率和转变思维模式。

第 5 章侧重阐述能力进阶与知识扩展，包含独创的“五进阶模型”、刻意练习方法和产品经理必懂的技术知识等，意在强化读者的软技能储备和自我提升能力，因为站得高才能看得远。

第 6 章为简历包装独门秘籍，将本人多年在线下助人成功入职心仪企业的实操经验完整公开，用线下学员的求职成果说话，通过大量真实案例和对比分析帮助大家在简历和面试中展现自己的优势，有思考逻辑也有实操细节。对于苦于简历缺乏亮点和不知如何提炼自己工作价值的读者来说，此章节实用性极高，是一块拿来即用的敲门砖。

## 勘误和支持

受个人经历、视野和能力所限，加上互联网金融行业快速变化、行业分类和知识体系庞杂等原因，本书并未涉猎金融行业知识的全貌，且难免存在不足，在此提前致歉。大家在阅读的过程中可结合实际工作内容、行业政策和金融产品最新设计方向深入思考，如有不解之处或宝贵建议，欢迎通过如下方式与我联系，也期盼我的前辈和其他业内人士给予指导，不胜感激。

电子邮箱：gigicn@163.com

微信公众号：小山学堂产品运营课

个人微信号：16601151866。

## 致谢

写书不是一件容易的事情，过程好比攀登高山，一路上荆棘坎坷、享受孤独、战胜拖延、努力前行，始终期望和相信山顶美好的风景和一抹温暖晨光。互联网人工作节奏快，还要兼顾家庭，抽出时间完成写作难上加难。幸有家人的关爱和朋友的鼓励，在我屡次想要放弃的时候给我力量，从大纲立意到最终完成出版的过程中，充满了值得铭记的故事，让我不断成长，排除干扰，坚定初心。

特别喜欢一句话，如果每个人都理解你，你得普通成什么样子。

无论成功离你多远，你的努力坚守、你的思维拓展、你的认知提升、你的人脉积累、你的无私分享、你对知识输出的渴望，都会在时间长河中帮你积蓄力量。

或许这些不会带来惊天动地的成功，但一定会默默地滋养你的力量，给你幸福感，带给这个世界一些不一样的价值。

感谢我在从业生涯中遇到的各位领导和同事，你们教给我很多，也让我有机会接触和操盘不同方向的互联网产品及项目。感谢在写作过程中给予我帮助的好朋友们，他们是：王平、刘瑛、张美娜、黄爱萍、孟令峰、曹丹丹、黄冬冬等。

再次感谢我的家人，是你们长久的理解和付出，让我有时间去完成自己的梦想。爱你们。

降　峰

2022 年 8 月 17 日

# 目录

# ◆ 第1章 普惠金融时代重新定义产品经理

条条大路通罗马

努力找到一条自己喜欢又擅长的职场高速路

## 1.1 互联网产品经理和互联网金融产品经理的区别

“衣食住行游购娱”，各行各业都有产品经理（PM，Product Manager），每一款产品的背后都有设计者和操盘手。互联网领域的产品经理也有很多的细分类别。作为一名互联网产品经理，如何进入某个垂直类业务或垂直类行业领域，了解具体业务和行业知识，同时将基础设计和管理经验有效地结合起来，是十分考验结构化学习能力和思维框架搭建能力的。

互联网金融产品经理作为互联网产品经理的一个热门类别，备受大家瞩目。“互联网金融产品经理”这个职位名词可以拆解为三个部分，即互联网、金融、产品经理。

产品经理在每个行业都是存在的，产品经理在产品项目中扮演着重要的角色——持续地洞察、设计、改进和寻求创新。

我们可以简单地理解，我们生活中的大多数物品都是“产品”，其价值取决于其是否被需要，是否满足一类人群的诉求。比如，一辆电动汽车、一把木制的椅子、一盒牛肉罐头等都是产品。其背后的设计者都是产品经理，只是所处的行业不同而已。

目前广义层面的产品的定义是：产品是能够提供给市场、供用户使用或消费的、可满足某种欲望或者需要的任何东西。产品是满足用户需要的综合利益载体。

产品分为两大类：有形产品和无形产品。服装、食品、手机等属于有形产品，线上和线下都有销售，比较容易被传统大众接受。付费课程、职业规划咨询服务等属于无形产品，诞生和存在于互联网中，需要通过互联网的载体进行触达、体验和消费，在满足用户需求的前提下，叠加了互联网元素的产品形态和场景特殊性。

产品经理在面对用户和用户需求时，需要进行理解、拆解和转化，然后设计出一款产品。互联网产品经理和传统企业的产品经理，其本质是没有区别的，都是通过特定产品来服务目标客户，思维模式和方法论都是相似的。互联网产品经理需要具有更强的对项目节奏的把控能力和快速掌握新鲜知识的能力，除此以外，二者所处的企业文化和日常使用的设计软件也会有所差异。目前传统企业的产品经理都在积极拥抱互联网，对自己的认知进行升级。企业也在尝试数字化转型，寻求更多的新机遇和可能性。

产品的定义是可概括归纳的，产品经理的底层知识体系也是可借鉴的，那么当互联网产品经理遇上金融，两者叠加后，又会出现不一样的火花。

互联网产品的方向有很多，如社交、电商、娱乐、教育、游戏、金融等。这些产品方向和商业模式多数已十分成熟，也有很多优秀的产品案例可以学习和借鉴，并且很多固化下来的设计理论有很强的共通性。比如：负责京东购物车模块的产品经理可以很容易地承担起淘宝购物车模块的设计工作，因为底层的业务流程和设计逻辑都是近似的，切换成本相对比较低。

从业务模式上来看，传统互联网产品的业务模式大部分是流量思维，先做流量规模，再考虑盈利和变现。但是互联网金融的产品经理会更关注风险性和盈利性问题。2021 年，各大金融机构和互联网金融平台早已不是粗放型经营时代的机构和平台，对成本核算、业务流程设计以及客户理解和把控的能力要求越来越高。任何一条获客策略或产品策略都要考虑成本核算和转化率的问题，最大化地满足客户诉求和提升客户满意度。通过发现金来拉动

APP 日活和积累平台用户的玩法已不是互联网金融的长久之策和经营之道。

目前，互联网金融产品经理最大的挑战是，除了基本的互联网产品经理的设计知识和必备技能外，还需要懂金融知识和金融业务。对于产品经理和运营经理来说，需要有很强的风险意识和数据洞察力，要时刻有红线思维，要在合规范围内设计产品和创新产品，不能想当然地去设计产品功能，需要在“合法合规 + 客户体验 + 风险承受力 + 利润率”之间寻找平衡，同时还需要考虑差异化经营和全链条客户服务体验。这也是互联网金融产品经理和其他互联网产品经理的最大差异。从这个角度看，有项目综合成本意识，善于进行盈利性测算、客户诉求拆解及对业务理解较为深刻的商业化解决方案产品经理相对可以更快速地适应互联网金融产品经理的思考模式和工作状态。

互联网金融产品经理需要懂金融知识和金融业务，金融行业的子方向很多，不同的子方向所需的知识也是有差异的。所以，互联网金融产品经理的类别和细分领域是多种多样的，没有一个产品经理可以同时负责理财产品设计和信贷产品设计。不同子方向的产品经理都有各自的优势知识领域偏好，而找到一个适合自己的子方向并且能够深入学习下去才是互联网金融产品经理的目标和挑战。市面上优秀的互联网金融产品经理分散在不同的互联网金融公司及各类金融机构中，能够对整个互联网金融的产品框架和运营框架都有接触并愿意梳理分享的是凤毛麟角。这也是本书的价值所在——通过对互联网金融相关知识和实战经验的梳理，帮助大家更好地选择职业方向和更高效地工作。

## 1.2　互联网金融产品经理的分类和特点

在谈互联网金融产品经理分类前，先了解互联网金融的定义。

互联网金融是指借助于互联网媒介技术、移动通信技术实现资金融通、支付、理财、借贷以及延展信息服务等业务的新兴金融模式。

互联网金融是基于互联网技术，对金融业务进行变革而产生的新模式。所以，我们需要具有互联网的产品设计思维，同时不能忘记业务的本质还是金融业务。简单地说，互联网金融只是金融业务的一种创新和载体形式的变革，金融的本质是不变的。

在互联网金融公司中，产品经理可分为两大派系（后文会单独介绍派系的概念）。从工作内容上看，互联网金融产品经理可以分为如下分支：客户端产品经理（APP）、支付产品经理、信贷前端体验产品经理、核心账务产品经理、风控产品经理、核心业务系统产品经理、安全合规产品经理、BI 数据产品经理、获客投放产品经理、运营策略产品经理、营销权益产品经理、理财 / 基金 / 保险产品经理、证券 / 股票 / 区块链产品经理。

这些分支并不一定是最全的，但是代表了大部分金融公司的部门划分和职位划分，从职场工作角度看是有一定借鉴意义的。整体的划分原则不依据空洞的方法论，而是以有助于读者找到合适的子方向和职场进阶的最佳赛道为出发点。

不同方向的产品经理会服务于不同的业务方向和产品线。工作内容和知识储备的差异很大，不同方向的业务知识更新速度和系统迭代速度也很快，需要不断学习，在一个子方向从事产品设计工作 1 年只能算刚刚入门，当你坚持了 2~3 年后，才发现自己对业务慢慢有了更深的理解和掌控力，金融这个行业值得你沉下心去探索。

## 1.3 前端和后端产品经理的差异

前文提到了金融业务的细分性很强，不同业务对产品经理的要求有所不同。除了业务的细分外，作为互联网金融的产品经理，同样离不开互联网的 C 端用户界面和背后的数字化系统设计，从前后端方向的角度看，互联网金融产品经理也可以分为前端和后端两类。如果你的个人特长和兴趣偏向前端产品设计，同时对理财知识比较熟悉，那么可以选择理财前端产品经理的岗位。如果你喜欢数据分析又懂信贷知识，可以选择信贷业务方向的数据分析师或经营策略产品经理的岗位。总之，找到适合自己的职业方向和后续学习晋升路径可以做到事半功倍。下面我们谈谈前端产品经理和后端产品经理的差异。

### 1.3.1　前端产品经理——感性的洞察者

前端产品经理负责的产品更偏重用户感知和使用体验，比如 APP 客户端、PC 网站、H5 网站、小程序，涉及所有用户能看到和实际操作的用户界面和业务流程。

#### 1. 需要具备的能力

前端产品经理更接近用户，对用户需求的把握、对核心痛点的分析和洞察是基本功。同时也要主动学习客群分层、用户体验，交互设计、前端开发的基本技术，提升竞争力。前端产品经理更善于做用户需求洞察和用户交互行为分析，对业务环境变化敏感，喜欢研究，性格开朗，善于分析竞品和发现其可借鉴的亮点，实际工作中的 OKR 绩效考评指标偏向产品活跃指标提升、产品服务体验以及业务转化收益。

#### 2. 日常工作内容和产出

每天的工作主要分两部分：项目沟通和需求产出。日常产出物包括竞品分析报告、需求调研报告、原型设计方案、交互逻辑方案（在较大型的企业，有专门的交互设计师负责编写交互逻辑方案）、流程图、产品需求文档等。

#### 3. 可能的进阶路线

同理心、洞察力、判断力等是一个前端产品经理成为产品专家的必备能力。我遇到过很多产品经理，同样是 3 年工作经验，Axure 原型作品的美观规范度、布局层次感和细节还原度的差异很大。所以，产品经理要对自己产出的原型作品有高要求、高标准，原型是最直观的输出物，是体现产品设计和细节思考能力的门面（第 4 章会详细阐述原型设计的必备知识）。

**4. 根据业务属性细分的岗位**

在不同公司和不同业务线，前端产品经理负责的产品和功能内容是有所不同的，我们可以从招聘职位描述（Job Description，JD）看出差别，如负责话费充值功能设计、负责金融 APP 产品架构设计、负责实名认证 H5 模块设计等。

**5. 工作中遇到的困惑**

实际工作中，由于受限于项目开发节奏和自身精力分配问题，大部分公司都不愿意在调研、体验、交互表达上做足功课，对于后端业务知识体系缺乏重视和总结，经常在搭建一个功能模块时，对后端的业务逻辑和实现可行性考虑不周，想当然地认为后端系统已经具备或者很容易支持，结果设计过程中发现后端系统造成功能局限性，前后端设计方案联动受阻和配合失衡。

这里需要强调一点，有的产品经理，在项目启动初期就着急画图，产出原型，原型画得比较多，可能会迷失自己。产品经理不仅是画原型，这一点要切记。

产品经理需要沉下心来，先去完成核心功能列表、架构图、流程图、泳道图、项目规划图等。通过完整的思考养成按部就班的设计习惯后，产品经理才能逐步打通前后台的耦合逻辑，在设计前端界面时更顺手和有自信。用户界面中常见的信息卡片、功能弹框、商品图片和标题等信息都需要后端数据库的各种字段进行输出支撑，通过 API（Application Program Interface，应用程序接口）方式实现数据和状态的传递和同步。所以，前端产品经理也要熟悉后端系统逻辑。

## 1.3.2 后端产品经理——逻辑的激进者

后端产品经理经常接触业务系统、信息管理系统、后端能力架构、内容管理系统、推荐系统规则、业务策略树、交易流转、业务数据抽取分析等，性格偏理智、严谨，属于学术派，对数字极度敏感并喜爱分析产出背后的公式和推导模型。

### 1. 需要具备的能力

后端产品经理更偏重于流程、规则、规范的设计和制订，提升流程化、智能化、自动化、结构化程度，提升工作和系统效率。如常见的 CRM 系统、卡券包营销系统、APP 千人千面用户触达系统、客群标签系统、智能客服系统、信贷业务核心系统等，这些系统都是后端产品经理的设计范畴。因此，后端产品经理必须要深入了解每个部分的业务流程和耦合关系，对逻辑性和结构性要求较高，同时考虑整体系统的长期规划、扩展性和解耦性。

相比于前端产品经理，后端产品经理更强调技术背景、逻辑分析能力、内外部团队协调能力和跨业务线的进度把控能力等。同时，有些业务是强技术主导的领域，如人工智能商业化产品、金融风控系统、代理人分销系统等，有时候研发工程师在业务模式和流程关系层面的认知比产品经理更全面一些。

### 2. 日常工作内容和产出

不管是前端产品经理还是后端产品经理，项目方案和需求文档都是工作中必备的，只是文档的内容侧重点有所差异。后端产品经理对数据分析、SQL 语法、归因逻辑、系统解耦、策略配置等词语接触较多，同时需要经常输出模块架构图和产品框架图。

后端产品的表达形态和实现载体以 PC 网站居多。现在为了提升效率和信息管理便捷度，很多管理系统同步开发移动端版本，提供一些基础的如信息查询查看、业务运营数据报表看板等的模块，最核心的管理模块还是需要 PC 端网站进行承载，因为 PC 屏幕足够大、方便操作和管理维护。在技术实现层面，目前互联网产品的管理系统多是 B/S 架构，通过浏览器就可访问操作。以往很多系统流行用 C/S 架构开发，需要在本地下载 EXE 格式的软件文件来实现。目前一些传统的业务系统和财务系统还有采取 C/S 架构来开发的案例，主要在特殊数据安全和隔离网络等因素方面有额外考虑，例如用友财务系统、内部集团人力资源管理系统等。从长远来看，整体的发展趋势还是B/S架构更为流行，其结合本地化部署的技术方案，在操作便捷度、信息安全保障、内部数据外网隔离、部署效率及动态升级维护等维度都有不错的表现。

### 3. 可能的进阶路线

后端系统和底层业务逻辑的关系更为紧密，后端系统的稳定性十分关键，在金融领域，如果后端系统足够健壮和好用，在某种程度上，前端客户对此是无感的。例如，前端客户感觉不到有风控系统在背后实时决策、监控和风险拦截，证明这个系统和系统策略是较为成熟和精准的。风控系统的一个关键绩效考核指标是打扰率。打扰率越低，表明风险识别越准、策略越健壮。而后端系统一旦出了问题，一定都是大问题，如内容管理系统的宕机和配置失误会造成页面内容开天窗和显示异常，造成一系列的连锁客诉问题。优秀的后端系统产品经理可以让自己负责的后端系统使用平滑又足够稳定，同时提前预判异常情况并进行兜底兼容方案的能力预埋，即使业务方配置失误或者策略冲突也可以及时预警反馈和止损。持续跟随系统使用方和业务方的发展节奏进行自我升级是后端产品经理进阶的关键。

### 4. 根据业务属性细分的岗位

后端产品和系统有很多细分方向和品类，下面的岗位都可以归为后端产品经理的范畴：业务策略产品经理、CRM系统产品经理、理财资产管理系统产品经理、数据分析平台产品经理、信贷核心系统产品经理、财务清算系统产品经理、经营策略管理平台产品经理、客户旅程决策系统产品经理等。

### 5. 工作中遇到的困惑

很多后端产品经理在某个业务系统工作多年，想换个方向。从某种角度看，后端产品经理转前端产品经理相对容易，但前端产品经理转后端产品经理相对较难，所以掌握一套完整的后端架构和逻辑设计思路是很重要的。别人很难抢走后端产品经理的项目和工作。如交易订单系统、银行通道路由系统、清结算系统、库存管理系统等，这些都是核心系统，对人才十分渴求。

个人建议，如果真有变动的打算，应优先在后端系统内选择新机会，不断沉淀复杂业务系统的策略设计和框架设计能力。

除了单纯地选择偏用户端或偏后端，还要看你对业务是否喜欢，以及个人性格是偏理性还是偏感性。在实际工作中，很多时候一名产品经理又要做前端界面又要做后台系统，工作内容交叉，我们只能看偏向哪个方向更多。尤其是现在的互联网金融产品，前端的表达逻辑和后端系统的耦合关系十分紧密，不断补充各类业务知识和扩展认知边界才是王道。

条条大路通罗马，更重要的是你对这个事情持续地喜欢并且真的擅长，同时有足够的时间去探索业务本质和主动总结系统之间的内在联系。

## 1.4　传统银行人与互联网人的融合

金融这个行业由来已久，有一定的知识和背景的门槛。谈到金融从业者，我们往往想到的是银行、保险公司、基金公司、交易所等传统的金融机构。很多从事金融行业的老前辈们也的确都藏身于此，他们有着丰富的金融专业知识和很强的金融意识，并且有金融科班教育背景。而自从互联网金融开始盛行后，很多互联网金融公司的从业者拥有的是互联网产品经理的从业背景，之前可能是做电商系统、社交网站、娱乐 APP 等，这些人在互联网行业的玩法、用户理解、需求拆解等方面有着极强的优势，同时在创新创造力和项目推动力层面也更占上风，而其金融专业知识则相对薄弱。所以我们看到目前互联网金融公司创立之初都会大量地引入两类人，一类是懂互联网产品和运营的产品经理，一类是传统金融机构的从业者。而如果你又懂互联网玩法又了解金融业务知识，那一定是难得的复合型人才。

我所在的公司有个很有意思的现象，产品经理分为两类：一类是具有百度、今日头条这种公司从业背景的产品经理；一类是具有招商银行、广发证券这种公司从业背景的产品经理。两类产品经理每天的穿着打扮有极强的辨识度：一类是格子衬衣帆布鞋，一类是西装领带黑皮鞋。在一起讨论产品方案和业务流程时，他们在会议室会产生很多不一样的灵感火花，反映彼此的认知异同点。

在互联网金融和网络现金贷刚起步时，传统金融机构的同事很难理解：申请一款信贷产品时，双方怎么可以不见面？网上填几项资料，3 分钟就给客户放款几万元？涉及真金白银和信用资质审核的事情怎么可能如此草率和粗放？

互联网出身的同事也很难理解：为什么信贷产品的用信补录表单要让用户填写那么多信息？为什么要求风控系统的审批通过率提升 1% 那么困难？为什么先息后本不能开放给全部客户选择？

在公司内部，“传统银行人”和“互联网人”很长一段时间都在磨合共事，这也是互联网金融产品不断演变迭代和发展壮大的侧面见证。现在越来越多的传统金融机构开始进行互联网化和数字化转型，开始明白互联网获客和金融科技的价值，开始学习增长黑客的概念，开始重视客户的操作流程体验。越来越多的互联网金融产品经理开始学习金融学、信贷业务等知识，一起探讨金融产品的设计原理和盈利性测算。在持续的融合中，互联网金融产品越来越好用，越来越被大众所接纳。

所以，如今的互联网金融产品经理需要有一颗包容开放的心，从客户和企业的双视角，带着创新的思维去设计产品，同时时刻绷着一根对合规政策及风险意识高度重视的心弦，在不断变化和趋严的监管环境下，努力补充业务知识，与同事求同存异地协同合作，在一松一紧之间摸索前行、不断试错，找到最适合的方向。

## 1.5　不是金融专业出身如何入局

很多人都问过我一个问题：互联网金融产品经理门槛好高，我不是科班出身，是否可以进入这个领域担任产品经理呢？

我想告诉你们，我的大学专业是汉语言文学，在进入互联网金融公司前，一直做传统互联网产品经理，对金融行业知之甚少，只是在工作中接触过一些类金融的服务和模块。比如在海南航空设计机票预订系统的时候，我负责设计支付模块，只是直接接入支付宝和微信的第三方支付能力，对真正的支付系统和背后的交易逻辑并不关心。真正的金融支付产品经理负责支付系统和支付流程的设计，而大部分人其实只是使用了支付宝提供的支付能力软件开发工具包（Software Development Kit，SDK）而已，并不能称为懂支付。

所以，传统金融机构从业者和互联网企业从业者的差异也决定了他们各自的优势不同。互联网金融这个行业的工作职位和细分工作内容有很多，并不是只有学习过金融专业的人才可以入行。只要拥有互联网产品经理的基本设计能力、足够强的学习能力和总结分析能力，你就可以在互联网金融行业找到适合的工作。

这里给非金融专业的求职者一点建议，在选择职位和准备面试时，突出自己的产品设计和产品管理经验，同时提前体验和使用主流的金融产品，比如购买一款理财产品、完成一笔现金贷的授信流程、使用一次线下支付等，提前了解应聘企业的产品，可以提高应聘成功率。

## 1.6　拥有银行从业背景的你如何利用优势

一个人的金融业务知识是需要时间去积累的。例如理财、证券、信贷等业务的操作细节和业务流程都是需要实操后才能掌握，一些金融类的证书和资格认证需要长时间的学习和努力才能获得。而这些东西就是你和其他人拉开差距的法宝。金融业务和其他业务不同，如果想了解一款社交产品的功能和流程，你可以在很短的时间内掌握核心模块并且还原出一份 80 分的产品方案。而如果你想快速知晓现金贷的业务模式并拿到完整的授信、用信、还款的差异化设计方案，恐怕除了在现金贷公司里亲自工作一段时间，没有什么别的办法。

所以，传统金融机构的从业者的优势在于专业背景、资质证书和金融企业背书，可以在求职简历中和面试时更多地体现金融行业的专业术语和对业务的理解。同时，改变你的思维模式和工作模式，心态需要更开放，放下专业人士架子和相对刻板的沟通方式，让自己看起来更灵活和富有热情。拥抱年轻的思想，拥抱新时代的变化，选择自己的未来，这也是很多传统金融企业从业者想走出来进入互联网企业的原因之一。

第 6 章针对方向选择和求职面试的内容进行深入讨论并给出快速可用的答案，不同类型的人群都将找到对应的选择思路和入行方法。

## 1.7 PM 基本功 + 金融知识 + 综合素养

成为一名优秀的互联网金融产品经理需要具备哪些条件？我觉得需要有以下三个方面的能力：首先是产品经理的基本功，沟通推进、方案执行、快速学习等基础技能；其次是金融知识的快速学习能力和认知提升能力，包括业务的理解能力、体验和收益的平衡能力，还有思维模式的严谨性以及对风险的敬畏意识；最后是综合素养，在设计产品时，互联网金融产品经理不但需要面对互联网产品的基础设计工作，还需要融合金融人士提出的专业建议和金融产品方案，结合对客群和场景的理解，设计出客户体验最优、业务合规、高盈利性的互联网金融产品方案，在思维层面对不同文化背景和不同职业背景的同事时刻保持文化包容心和同理心。

我们将这三个方面的能力总结为“PM+ 金融 +X”，如图 1-1 所示。

| PM | + | 金融 | + | X |
|---|---|---|---|---|
| ➢ 沟通推进 | | ➢ 金融业务理解力 | | ➢ 跨领域协作 |
| ➢ 方案执行 | | ➢ 体验和收益平衡 | | ➢ 场景洞见 |
| ➢ 快速学习 | | ➢ 严谨的思维模式 | | ➢ 文化包容心 |

图 1-1 优秀的互联网金融产品经理需要具备的能力

# ◆ 第2章 互联网金融基础知识

本章主要讲解金融的本质、货币和银行的发展历程、互联网金融的发展和互联网金融的商业模式，回望时代洪流，自上而下，从宏观到微观，帮助读者建立金融行业底层文明认知和互联网金融产品经理的整体知识体系框架，为后续业务设计、产品设计和经营策略设计打下坚实的基础。

## 2.1 金融与互联网金融

### 2.1.1 互联网金融的本质

金融的本质是“为有钱人理财，为缺钱人融资”。

想了解一件事，或者进入一个行业，从其核心出发，找到最本质的原始驱动力和需求的原动力是很关键的思考方式，这也是产品经理需要具备的基本软技能。

在开始了解互联网金融行业和互联网金融的本质前，我们不妨从字面上将“互联网金融”拆解为两部分：“互联网”和“金融”。

互联网金融的商业模式和产品形态一定是围绕金融业务形成的。互联网作为一种新的传播和触达手段提高了金融业务的覆盖度和普及度，使金融业务在形式和手段上得到了创新和升级，让金融业务更快、更好、更易懂地进入每个人的视野和生活，改变着每个人的生活方式，让人们更好地管理自己的资产和提升资产的持续价值。互联网金融平台提高了社会的效率，降低了金融的成本，扩大了金融的边界，重新定义金融。普惠金融的概念也就由此而来。

金融的本质是什么？不同的学者对金融有不同的理解和释义。一般来讲，金融是货币流通和信用运动以及与之相连接的经济活动的一种总称。

换一句通俗的话来讲，金融的本质是“为有钱人理财，为缺钱人融资”。

不同的客群有差异化的需求，金融产品需要满足这些需求，找到最合适的解决方案：向有资金周转需求的人群提供信贷授信服务，让其资金流动性压力得到缓解；向有资金需要管理的人群提供对应的理财产品和理财顾问服务，让其资产价值最大化。

金融一定不是自弹自唱，而是多方角色交互的一个行业。其价值核心是为实体经济服务，解决现实中的金融问题，信用体系的建立是重要因素之一。传统的金融业务都是线下面对面完成办理的，例如：去银行柜台办理定期存款业务时，需要携带身份证进行身份认定，完成存款后会拿到一张存款凭证单；去银行网点的企业柜台申请企业贷款时，需要携带营业执照和相关资产及税收证明材料等；去保险公司购买个人寿险时，需要携带相关证件，保险公司会现场了解健康情况等。在互联网金融平台上，这些信息的提交也是必备项，只不过从线下搬到了线上，更方便和高效了。

在金融的本质不变的前提下，互联网金融加强了信息和资产的流动性，互联网金融是互联网技术和金融功能的有效结合，依托信息数据厚度和云计算的能力在互联网平台上形成功能化的金融业态及金融服务体验，并具有普惠金融、平台金融、信息金融和科技金融等不同于传统金融的金融模式。

互联网金融的产品设计和业务设计没有超出资金融通、信用契约、风险管理的范畴，更没有违背风险收益相匹配的客观规律，也没有改变金融风险的隐蔽性、突发性、传染性等核心特征。

简单来讲，互联网金融就是使用互联网的思维模式和技术手段提供金融服务，由此产生新的金融产品、金融业态及创新商业模式。它离不开互联网，更不能缺少传统金融的行业理念，风险防控意识，业务操作规范，金融知识专业性，客户的洞察以及完备的售前、售中、售后的服务。

金融从业者需要时时刻刻记住金融的本质和金融的行业风险性，同时做好业务和客户的连接，最大化地创造和输出业务盈利性价值，做好服务体验和全流程设计，在这个意义上，金融业就是服务业，也更强调服务体验和服务质量的重要性。

在很多场合，我们会提到互联网金融和金融互联网的关系。这两个词在我看来并无太大的差异，互联网金融也好，金融互联网也罢，都是两者的跨界和融合，既是一个过程，也是一个结果。在了解和学习的过程中，不必纠结于两者字面意义上的差异性。互联网金融的本质是金融，所以，除了学习互联网的基础知识外，金融业务的知识补充和体系化认知也十分重要，只有了解金融业务才能做好互联网金融产品设计和服务设计。

### 2.1.2　货币及银行发展

货币和银行的发展见证着金融时代的变迁

我们知道金融行业的交易过程一定离不开资产、货币和银行这些概念。货币和银行的发展历程也是我们作为金融从业者需要了解的知识。这相当于厨师对常用厨具和各类调味料的了解，厨师不一定每次炒菜都会用到全部厨具和调味料，但相关知识是一定要掌握的。

**1. 资产**

不同场景下人们对资产的定义不同，资产属性的不同造成其计量方法的不同，因此，资产的属性与计量模式之间存在着一致性和相关性约束。这是会计学中对资产的解释，稍显生硬。我们换个通俗的角度来了解资产。资产简单来说分为两类，有形资产和无形资产。有形资产就是看得到、摸得着的实物，例如你的笔记本电脑、手机；无形资产往往是看不见、摸不着的，例如注册商标、专利、金融类资产（股票、基金、活期存款）等。

这里提出一个问题和大家探讨：房产是有形资产还是无形资产？

就有形物的标准来看，房屋是现实中存在的实物，可以算到有形资产中。但是如果就交易和价值来看，房产又属于无形资产。因为房产本身是可以进行金融交易的，这种资产属性是无法真实触摸和存在不可控性的。金融资产的本质都是未来现金流的约定，以金融合约的形式存在。这里的重点是“未来现金流的约定”，大家可以理解一下这句话的含义。我们的房子如果不买卖，其用途就是居住；如果未来进行房屋买卖交易，就会发生现金流的变化和资产属性类型的切换。所以购房其实是购买了一个未来现金流的约定，这就是金融的魅力，可以跨越时间周期，用时间周期换未来的可能性。

2. 货币

货币是购买货物的媒介、保存财富的手段，是财产的所有者与市场关于交换权的契约，是所有者之间的约定。它反映个体与社会的经济协作关系。货币的契约本质决定了它可以有不同的表现形式，比如一般等价物、传统纸币、电子货币等。

根据货币的商品价值可将货币分为实物货币和形式货币。实物货币本身是一种特殊商品，有价值量，例如古代的羊、贵金属等；而形式货币本身没有价值量，它的价值是契约约定的，只有契约价值。虽然两者形式不同，但本质上是一致的，都是被约定作为交换媒介而存在的，并且都存在的契约价值。

“吾以吾之所有予市场，换吾之所需”，货币就是这一过程的约定。就其本质而言，货币就是所有者之间关于交换权的契约，是度量价值的工具。

很久以前，货币没有出现时，交易都是采取以物易物的形式进行，这种交易有很强的局限性，需要满足需求的双重一致性（Double Coincidence of Wants），也就是说需要双方交换的物品正是彼此需要的。例如，甲需要一个苹果，乙需要一个香蕉，而且甲乙双方正好都有对方需要的，双方就可进行交易，如果双方供需不匹配，则无法完成交易。基于这样的情况，代币或者货币这种交换媒介的出现就有了价值。

现在一些新型货币不断出现，尤其是各个国家中央银行主导推行的法定数字货币更加抢眼。据 2020 年 1 月国际清算银行对全球 66 家中央银行进行调查的结果，80% 的中央银行正在研究数字货币，10% 的中央银行即将发行数字货币。

数字货币是货币的发展方向，中国目前正在大力推行自己的数字货币（数字人民币），并已经推出了数字人民币 APP 客户端，用户可以通过交通银行、工商银行、农业银行、中国银行、邮储银行、招商银行等多家运营机构开通匿名钱包，开通后可以进行充钱包、存银行等各类操作。数字人民币已经在北京、天津、上海等地区进行试点，相信不远的将来，其使用场景和支持的运营机构会越来越多，值得期待。货币的多样性、规范化、电子化、无纸化都会影响互联网金融和互联网支付的持续发展和演进，让我们的生活更便利。

**3. 银行**

银行一词源于意大利语“banca”，意思是板凳，早期的银行家在市场上进行交易时使用，银行家被称为“坐长板凳的人”。在英语中，银行一词用“bank”表示，意为存放钱的柜子。

最早的银行业发源于西欧古代社会的货币兑换业。最初货币兑换商只是为商人兑换货币，后来发展到为商人保管货币、收付现金、办理结算和汇款等业务。近代银行产生于中世纪的意大利。现在银行一词有了新的公认的定义：银行是依法成立的经营货币信贷业务的金融机构，是商品货币经济发展到一定阶段的产物。

银行是金融机构的一种，按类型分为中央银行、政策性银行、商业银行、投资银行、世界银行等，每一类都有不一样的职责。

中央银行：是国家中居主导地位的金融中心机构，是国家干预和调控国民经济发展的重要工具；负责制定并执行国家货币信用政策，独具货币发行权，实行金融监管；中国人民银行是我国的中央银行。

国有政策性银行：如我国的中国农业发展银行、国家开发银行、中国进出口银行。

国有商业银行：如中国银行、中国工商银行、中国农业银行、中国建设银行、中国邮政储蓄银行、交通银行。

投资银行：如摩根士丹利、法国兴业银行、花旗集团、瑞银集团。

世界银行：用于资助国家克服穷困，各机构在减轻贫困和提高生活水平的使命中发挥独特的作用。

除了中央银行、政策性银行和商业银行外，我国的银行业中还有一些其他类型概念需要了解。

全国性股份制商业银行：如招商银行、民生银行、浦发银行、中信银行、光大银行、华夏银行。

民营银行：如湖南三湘银行、深圳前海微众银行、北京中关村银行。

城市商业银行：如北京银行、江苏银行、上海银行、南京银行、宁波银行、徽商银行、盛京银行、杭州银行、天津银行。

农村商业银行：如重庆农村商业银行、成都农商银行、广州农商银行。

如今传统银行在互联网金融的发展大潮中也在快速调整和改变，不断地进行业务创新和合作创新。传统的银行业务已经不能满足大众的金融需求，尤其是在互联网金融发展迅速，新技术、新体验、新模式的金融服务和金融业态层出不穷的背景下。同时传统银行也在积极与互联网金融企业开展合作，互联网金融企业有着很多天然的优势。二者可以在金融大数据、智能获客、客群分层、智能风控、金融科技、互联网产品设计体验等方面深度合作，这些对于互联网从业者和金融从业者来说都是极好的机遇，让我们一起见证金融机构的互联网化和互联网企业的金融化。

### 2.1.3 中国互联网金融发展历程

绝妙的设计总是在不经意间闪光

中国的互联网金融发展十分迅速，经历了不同阶段的起起落落，其间有很多的故事，这里选择一些标志性的事件进行回溯。

时光拉回到 20 世纪末，标志性事件是银行和证券公司开发了自己的互联网网站。例如 1997 年的招商银行网站和 1998 年的青海证券网络交易系统。然后陆续有建行、工行、华泰证券等金融机构入场搭建自己的互联网渠道和平台。当时还没有太多互联网企业的身影，整个行业还处于萌芽的状态，充满了想象空间和机遇。

到了 2002 年 3 月，银联成立了。银联是经国务院同意，中国人民银行批准设立的中国银行卡联合组织，总部设于上海。在银联成立之前，中国银行系统的内部互联互通能力较差，运转效率很低，严重制约了经济的发展。

银联主要的任务是：建立和运营广泛、高效的银行卡跨行信息交换网络系统；制定统一的业务规范和技术标准；实现高效率的银行卡跨行通用及业务的联合发展。

银联卡就是银联发行的银行卡卡种。我们通过识别卡 BIN 就可以辨别出银联卡：卡号以 62 开头的银行卡就是银联卡（BIN 由 6 位数字表示，为卡号的前 6 位）。截至 2021 年，中国银联作为全球发卡量最大的卡组织，发行超 90 亿张银行卡。银联标准卡符合 ISO 国际通用标准，持卡人可在境内任一银行卡受理点，及海外 180 多个国家和地区（数据截至 2021 年）的 ATM 及银联特约商户实现轻松取款、刷卡消费。

支付是互联网金融最基础的服务能力，谈起支付就不得不谈及阿里巴巴和支付宝，2003 年阿里巴巴旗下的淘宝网成立，提供 C2C 的电子商务平台服务。进行线上交易就需要用到支付服务，当时国际上已经有了一些成熟的第三方支付服务商，例如 Paypal，但是其并不能和国内的电子商务平台很好地结合，所以交易双方采取邮局汇款和线下同城交易的方式，时效性和便捷性大打折扣。同时，交易双方信任感的建立也是当时很大的问题。2013 年 10 月，在日本横滨留学的崔卫平将一台二手数码相机以 750 元的价格挂在淘宝网进行销售，西安的焦振中将其拍下，并通过淘宝的担保机制进行了交易，但由于当时线上支付的成熟度和信任度不高，这笔交易过程十分曲折，最终在官方的协调和努力下完成，这就是第一笔淘宝网的担保交易。这种担保交易就是支付宝的前身，焦振中也成为全世界第一个使用支付宝服务的人。

2004年，支付宝正式诞生并独立于淘宝网，除了担保交易服务外，还陆续建立了自己的账户体系，当时支付宝的功能主要就是为淘宝平台提供担保交易和线上支付等相关支持服务。

2005年，快钱、财付通、拉卡拉平台也陆续出现。国内的第三方支付格局逐步显现。网上转账、证券账户网上开户、互联网保险销售等互联网金融业务也相继诞生（快钱在线下支付场景著名的0.38%费率事件十分经典）。信用卡还款和公共事业缴费是拉卡拉起家的业务。拉卡拉在全国社区便利店投放便民支付终端，提供用户入口，为个人用户提供水电煤气缴费、信用卡还款、转账和银行卡余额查询等民生类支付服务。很多人都见过便利店里面可以充话费、还信用卡的拉卡拉机器。拉卡拉的这个优势直到2008年支付宝支持生活缴费业务才逐步被打破。

2006年，第三方支付公司汇付天下成立，公司坐落于上海，是全国最早的支付公司，是首批获得中国人民银行颁发的支付牌照的公司，获得银联认证，也是首家获得中国证监会批准开展基金销售支付结算业务的公司。

2007年互联网金融的一个标志性业务形态——P2P网贷诞生，中国第一家P2P网络借贷公司拍拍贷成立。

2008年，百度旗下的第三方支付服务百付宝诞生，当年主要是为百度旗下的有啊商城提供支付服务，可惜有啊商城没有坚持多久就关闭了。百付宝的支付牌照一直续展至今并为度小满的相关支付服务提供牌照支持（百付宝2018年已经更名为度小满支付，成为度小满旗下的支付品牌）。同年，盛付通等第三方支付公司也陆续诞生。

2010年，是移动互联网高速发展的一年，称为“移动互联网元年”，各类互联网公司都在推出自己的手机客户端，我个人也是2010年开始转型做手机移动客户端的产品设计工作，也算赶上了风口。同年，支付宝召开了著名的“骆驼大会”，宣布回归支付业务，提升支付体验。经过与多家银行的沟通，支付宝推出快捷支付功能。消费者可在支付宝平台通过输入姓名、银行卡号、身份证号码、短信验证码来绑定银行卡和开通快捷支付功能。之后消费者只需要在支付宝平台上输入支付密码便可完成支付，无须跳转银行界面进行繁杂的操作，极大地提升了用户体验。

快捷支付是互联网支付快速发展的标志性事件和契机。我们现在在支付宝和微信上进行银行卡绑定的操作就是快捷支付协议的签署，通过四要素的鉴权即可完成银行卡的绑定，实现网上支付和消费。随后，快捷支付成为第三方支付平台的通用工具，快钱、财付通等第三方支付平台陆续上线快捷支付服务，支付成功率极大地提升。这个事件也是互联网思维与传统银行思维的一次成功碰撞。

在后面的章节里，我们会对银行通道和鉴权四要素的相关知识进行详细介绍。

2011 年，中国人民银行向 27 家第三方支付公司发放支付牌照，标志着互联网与金融结合的开始。

2013 年，称为“互联网金融元年”。随着线上支付规模的攀升，快钱、支付宝等第三方支付平台上留存了大量的支付备付金，如何管理沉淀资金成为新的挑战。在此背景下，2013 年 6 月，支付宝联手天弘基金，推出余额宝服务，推动互联网基金模式铺开。同年 7 月新浪发布微银行进入理财市场，8 月微信推出微信支付，10 月百度金融的理财平台上线。

2014 年，百付宝旗下的百度钱包上线，重新进入第三方支付领域，并推出了自己的移动客户端，打造自己的支付场景和金融服务。2014 年，微信理财通也进行了公开测试，微信红包业务也在这个时候诞生。12 月，中国首家互联网银行“微众银行”经监管机构批准开业。

2014 年我正式加入百度钱包，负责支付收银台、金融客户端等产品设计工作，见证了很多从零到一的项目搭建。同年，二维码支付走进了我们的生活。很多的 APP 都开始接入二维码支付这种给用户以全新体验的支付方式。互联网金融也首次写入政府工作报告，积极的信号持续释放，为后续发展打下稳定的基础。

2015 年是大事件密集的一年，中国人民银行暂停发放第三方支付牌照，严格支付机构市场准入，鼓励现有机构兼并重组、持续发展健全市场的退出机制，研究实施支付机构分类、分级监管。2015 年 1 月，中国人民银行印发《关于做好个人征信业务准备工作的通知》，此时各大互联网金融企业各显神通，出现了一批民间的征信机构，例如芝麻信用、腾讯征信、前海征信、拉卡拉信用、鹏元征信等。微信为了抢占支付市场，在 2015 年的央视春晚推出“摇一摇”抢红包活动，有 1.2 亿人参与，这个春节为微信支付带来了数量惊人的新增绑卡用户，在互联网金融中称为强账户。当年很多人就是通过这个活动认识了微信支付，加入了微信支付的阵营，也是这个活动让抢红包的活动深入人心。微信支付正面和支付宝较量并争夺用户份额，而这时的阿里巴巴也没有闲着，蚂蚁小贷旗下的个人信贷产品“花呗”在 2015 年 4 月正式上线。同年 6 月，浙江网商银行开业。监管层面此时也密集出台了很多管理规定，市场准入机制更加严格，风险管控力度提升。2015 年 7 月 18 日，《关于促进互联网金融健康发展的指导意见》发布，官方首次定义了互联网金融的概念，明确了互联网支付、网络借贷、股权众筹融资、互联网基金销售、互联网保险、互联网信托、互联网消费金融等互联网金融主要业态的监管职责分工，落实了监管责任，明确了业务边界。

2016 年，国家开始推动“96 费改”，结束了支付机构的低价无序竞争。第三方支付机构的服务费率上调，盈利能力逐步提升。同时相关政策继续密集出台，尤其是关于网络贷款和校园贷的相关规定。网络借贷平台（P2P）风险专项整治也在这一年得到了更加严格的落实。同时，当年央视春晚的独家互动合作赞助商由微信换成了支付宝，央视春晚的流量效益和品牌价值是十分惊人的。2015 年微信通过春晚活动发出 5 亿元红包，2016 年支付宝发出 8 亿元红包，活动的整体互动次数和参与人数也创造新高。之后，“集五福”活动被支付宝固化下来，成为支付宝每年必做的春节互动活动。

2017 年，网联诞生，以“共建、共享、共有”为原则，开始规范互联网支付行业。在业务模式上，网联平台的运作机制与银联相似，支付机构与银行均接入网联平台，通过网联平台进行转接清算，从而逐步取代市场中通行的银行直连模式。网联的成立是监管部门整顿治理第三方支付机构直连银行所带来的各种监管漏洞和备付金风险等问题的一项重要举措。同年 9 月，七部门联合发布公告，叫停各类代币发行融资活动，彻底封杀了比特币在国内的交易市场。同时，相关部门继续规范 P2P 市场。这段时间，市场的发展速度很快，有着完备金融相关牌照的“正规军”正在全速前进，同时，政策的调整和出台速度也很快。度小满除了支付业务外，开始快速拓展度小满理财和信贷服务，并强化差异化的获客策略，探索千人千面的运营模式。

2018 年，中国人民银行对第三方支付机构实施“断直连”，支付机构原来存放在托管银行的备付金转为中国人民银行存管，以保障备付金的安全。金融商城和差异化的信贷客群服务也是当年的热门话题。很多互联网企业都尝试创新，例如融 360 金融商城分发模式，小微企业贷、特定客群信贷服务等。

2019 年开始，整个行业都趋向稳定和正规，大企业都在合规守信地高速发展，并明确适合自己的客群特性和业务发展方向。同时用户也更加聪明和挑剔，互联网的流量也越来越贵，前几年的粗放经营理念已经不适用于当下的情况。增长黑客、精益化获客、客群分层经营等词语高频出现，这些都是作为产品经理和运营经理需要快速学习的新知识。

2020 年，整个互联网金融行业在快速调整，值得关注的大事件也很多：2020 年 11 月中旬，实际运营的 P2P 网贷机构完成归零；金融科技行业巨头加速对资本市场的布局，陆金所在 10 月 30 日完成纽约证券交易所上市；消费金融赛道也有所起色，4 月，平安消费金融公司开业，9 月，重庆蚂蚁消费金融公司获批，各大巨头纷纷争抢消费金融牌照，加速未来布局；同年 11 月 2 日，中国人民银行、中国银保监会共同起草了《网络小额贷款业务管理暂行办法（征求意见稿）》，并向社会公开征求意见，明确了对网络小额贷款经营的杠杆限制；10月，数字人民币在深圳启动“礼享罗湖数字人民币红包”活动，2020年被称为数字人民币的元年。

2021年，数字人民币的试点范围逐步扩大，已经形成覆盖深圳、苏州、雄安、成都、上海、海南、长沙、西安、青岛、大连和2022北京冬奥会场景的“10+1”试点格局，并陆续覆盖餐饮、交通、零售、公共事业等多个领域。这一年，各大互联网金融企业都投入很大的精力进行合规相关项目的改造升级。同时，北京证券交易所的成立也是2021年的TOP1大事件。

2021年，不管是传统金融行业还是互联网金融行业，都发生了很多里程碑式的变化，拥抱监管、合规守信、精细化经营、差异化获客、发力金融科技是2021年的主旋律。

2022年，延续了2021年的强监管态势，聚焦小微企业、服务实体经济、鼓励普惠金融是新方向。互联网金融企业以积极开放的心态与金融机构密切合作，在信贷领域设计全新合规的助贷模式，并推进征信“断直连”的落地方案设计。

互联网金融行业的每一年都有很多值得记忆的事件，作为一名互联网金融行业的从业者，了解行业发展的前生今世可以更好地理解业务本质，了解竞品企业的历史和业务变化。行业的变化也推动着从业者不停地学习知识和提升专业能力，持续武装自己，与时俱进。下面我们谈谈互联网金融的公司模式和商业模式，从行业趋势和商业模式分类的角度了解互联网金融的发展轨迹和机遇点。

## 2.2 互联网金融的常见公司模式

互联网金融的兴起和快速发展正悄然改变着中国银行业以及整个金融体系的格局和商业模式。由于国家政策对互联网金融的扶持，加上各类政策的实施，整个行业更加合规和健康，一系列的利好让互联网金融这个行业有了更好的发展。互联网金融本身就是互联网和金融的结合体，不管是传统的金融机构的互联网化，还是互联网企业的金融化，其中都涌现出了很多创新的公司模式。互联网金融目前有两大发展趋势和三大类模式。

第一大趋势是，金融机构的互联网化。从 2019 年开始，越来越多的金融机构加速自身结构布局调整，积极开展基于互联网的业务创新和新业务探索。各金融机构纷纷意识到互联网金融对传统金融业务的影响和帮助，积极吸收互联网的思想和人才，同步着手向互联网金融业务拓展，同时在智能获客、金融科技、智能风控、智能机器人等领域与互联网企业展开合作。

第二大趋势是，互联网企业的金融化。互联网企业具有敏捷迭代机制和创新思维，同时其各类服务也离不开金融属性的业务支撑，例如第三方支付、信贷业务、理财业务等，很多互联网企业都成立了金融事业部进行互联网金融产品的设计和研发，以百度、阿里、腾讯、京东等为代表的互联网企业结合自身的固有特点和优势，逐步将金融服务和自身业务及场景相结合，形成自己的新业务和增长阵地。百度利用其强大的流量优势，腾讯利用其社交王国的优势，阿里利用其强大的电商基因，这些企业在保证用户体验的同时，不断地探索自己的金融产品线。同时后起之秀也不容小视，小米、360、京东、招联、美团等企业也陆续在支付、信贷、理财、众筹、智能投顾、保险、信用体系等业务上展现出进军互联网金融领域的强大决心。

越来越多的互联网企业纷纷进行金融业务的布局，新兴企业不断涌现，并各自在业务占有率、产品体验特色、运营获客手段、客群分层覆盖等方面形成自己的特色和战略打法，值得持续关注。下面对典型的互联网金融的企业模式进行介绍。

### 2.2.1 传统金融业务的互联网化

在快速变化的时代中谋求生存之道

传统的金融企业在时间的洪流中也在不断地调整和改变自己的业务方向，银行是最传统的金融机构，除了传统银行外，保险公司和证券公司也在互联网化。

在之前的大众认知中，去银行办理业务都要去线下的柜台，办理完成后都需要拿到一个纸质的介质证明才踏实。而如今互联网银行的出现极大地改变着这种认知和用户习惯。新户开卡、销卡、实名认证、密码设置、交易记录查询、转账等基本的银行业务都可以在网上快速完成，电子凭证和电子印章也都具有法律效力。除了传统的银行纷纷发力线上业务和自有移动客户端外，很多民营银行更是采取全线上的模式开展业务，取消线下的开放营业网点，全部通过手机客户端完成交易。常见的民营银行如表 2-1 所示。

表 2-1　常见的民营银行

| 银行名称 | 获批时间 | 定位 / 服务对象 |
| --- | --- | --- |
| 深圳微众银行 | 2014 年 7 月 25 日 | 互联网银行 |
| 浙江网商银行 | 2014 年 9 月 26 日 | 互联网银行 |
| 重庆富民银行 | 2016 年 5 月 18 日 | 服务小微企业 |
| 四川新网银行 | 2016 年 6 月 13 日 | 互联网银行 |
| 湖南三湘银行 | 2016 年 7 月 29 日 | 产业 + 零售银行 |

除了传统的银行存贷款业务，理财和基金这类金融业务的交易也都搬到了互联网，在线下购买理财产品的人越来越少，年轻人都逐渐习惯在网上购买理财产品。同时很多民营银行也开始推广自己的线上销售渠道和搭建线上

获客平台，销售自己的理财产品和存款产品，在利率和灵活性方面都有很大的优势。这些线上理财平台会更加懂客户，帮助客户更好地决策和购买到符合自己资金情况和风险等级的理财产品。

同时传统的保险业务和保险企业也在尝试线下和线上结合的模式，扩展自己的获客渠道，例如平安保险、太平洋保险、众安保险等。传统的保险业务在签单之前都需要保险销售人员上门完成保险内容的讲解和保险单的签约，如今这些都可以通过线上渠道完成，极大地节省了企业的经营成本。

### 2.2.2　基于互联网平台开展金融业务

从平台思维到服务思维，差异化突围

除了传统的金融机构开展互联网业务和搭建互联网平台外，很多独立垂直的互联网平台也在帮助用户更好地管理财富，如天天基金网、宜信、京东金融等互联网金融平台。这些企业从平台思维起步，从服务一类特定客群和开展一种垂直业务起家，不断地丰富自己的金融产品和服务模式，逐步形成自己的业务模式壁垒和核心竞争力。

平台是积累用户的基石，有了客群规模和管理经验，再根据市场需求和客户需求的快速洞察，叠加带有良性盈利模式和适合自己内在优势基因的服务，不断摸索，突围前行。

### 2.2.3　全新的互联网金融模式

基于场景的创新是互联网的拿手戏

除了传统的“存借花”的业务模式外，近几年还出现很多互联网金融周边的互联网化服务，在金融科技和信息资讯方面各有建树，这里列举一些方向和产品，供参考。

企业信用查询：天眼查、企查查、启信宝。

财务收支管理：随手记、快记账、挖财。

金融知识资讯：康波财经、雪球网、未央网、财新网。

FinTech 金融科技：同盾科技、维信金科、商汤科技。

在线投资社交：eToro、雪球社区。

智能客服系统：七陌科技、环信、七鱼、百度云智能客服。

虚拟数字人：旷视科技、相芯科技、小冰、网易伏羲、拓尔思。

除了我们理解的传统金融业务外，很多的周边行业和垂直类的细分子赛道都展现了很有价值的商业模式。用户的需求和这个时代也是一直在变化的，我们需要快速响应并行动，为用户提供丰富的服务闭环体验。

创新是永无止境的，互联网金融行业在遵守行业基础规律和基本原则的基础上，不断进行思维和模式的融合，不断突破自我边界，寻找最佳的商业模式，最大限度地让金融业务进入每一个人的生活中，改变我们的习惯，影响我们的认知，提升我们的品质。普惠金融服务越来越贴近我们的生活，越来越懂我们。不管是国外的金融企业还是国内的金融企业，都应该抓住这个时代的利好，为大家提供体验最棒的金融产品。对于互联网金融的产品人，这是一个让我们感受荣耀和激情四射的时代。

在对金融产品经理和金融行业发展有了初步认知后，我们开始从互联网金融产品经理的日常工作入手，了解作为互联网金融产品经理，在工作中需要了解哪些业务知识和产品系统模块，通过学习来更好地补齐金融基础知识和了解金融系统概貌，提升金融产品设计时的自信度，构建自己的金融知识框架，更好地完成跨业务部门合作，提升整体执行工作的效率，不断成长。

# 2.3　互联网金融产品认知及名词解释

## 2.3.1　风控：金融的核心

互联网金融的本质是金融，而金融的核心是风控

以金融为本质的互联网金融，在传统金融业务的认知基础和思维模式的基础上，结合互联网的高迭代效率和用户体验升级，叠加不断创新的技术手段以及大数据挖掘等优势，持续为用户提供优质的互联网金融服务，在业务高速发展的过程中，除了产品基础功能的优化外，背后的风控能力的持续强化显得尤为重要。

### 1. 风险和风控的定义

风险从来都是金融行业不可消除的，风控能力的高低从某种意义上决定了互联网金融平台的成败，尤其是当遇到较大的事件和突发风险时。

风控，顾名思义，就是风险控制。风险的广义定义是这样的：风险是由不确定性或无法预知的事件而引起的意外。在现实生活中，到处都充满了风险和不确定性。

出海打鱼的渔民，风险是天气的多变和风浪的危险等；火锅店的店主，风险是周边客群的不确定性和饮食喜好的变化，还有外部竞争者的加入等；股票交易所的股民，风险是宏观市场的变化和突发黑天鹅事件等。

风险在学术领域里或者在技术层面的解释可分为两部分：可能或者似然，一般会用可能发生的概率来进行表达和诠释；结果，一般用可能造成的负面结果来衡量。

在金融领域里，风险是影响金融行为的基础要素，假设没有它的存在，金融体系的有效分配会大大地简单化，只需要少数的金融机构和金融工具就可以运行。但是现实生活中，风险是无处不在的，所以我们需要持续地识别

风险和进行应对，来保证整个金融行业的良性运作。

金融产品的风控体系涉及很多的概率，例如通过率、用信率、逾期率等。我们通过这些概率表达进行分析、判断、调整。

风险在我看来既属于过程指标也属于结果指标，最终还是用数据结果说话。我们都需要风险数值越低越好，而这个结果预期的达成就是风控的过程。风险具有七个特征：客观性、普遍性、必然性、不确定性、社会性、可识别性和可控性。

总体来看：风险是客观存在的，任何行业都存在风险；风险的存在是有必然性的，风险的背后一定有利益和机遇进行驱动；同时因为我们对风险的预判能力不足，风险一定会产生，这对我们来说就是不确定的，小到日常风险事件，大到社会性事件和行业动荡黑天鹅；风险并非无法防范，一定是可以识别和控制的，只是我们发现和控制的反应速度、力度、强度、敏锐度、平衡度和迭代总结速度的差异性会造成风险控制能力的差异，而这些差异就是互联网金融企业的核心竞争力和看家本领。

**2. 风险的决定因素**

风险的大小决定或者决定于很多因素，大小的衡量需要一个标尺，而生成一个风险的过程本身也是有成本的。所以这里提到的是两个不同的分析角度。

在我看来，决定风险大小的因素有：成本高低、收益大小、不确定性因素的多少、信息处理的成本高低。判断一个风险的大小需要一把标尺，根据风险等级来决定投入多大力度进行处理。同时这些因素也会决定于风险的大小。在金融行业很多风险都是人为造成的，而制造风险的过程也需要思考成本收益是否对等，是否能够获得相应的结果，成功的概率有多大。例如黑色产业进行账户撞库时，往往会选择相对薄弱的系统和非高峰夜间时段进行，以便降低成本和提高成功概率。

姜建清在《世界金融百年沧桑记忆》中说过一句话：所有的金融史都是一部风险史——风险如同影子一般无所不在、相伴而行。风险与效益如同毕加索立体画中同一人像的两张脸，当银行家在看到庆贺盈利的笑脸时，侧眼一看，风险作为狰狞的一面也在阴笑。把控风险是优秀银行家和金融家的底线，稳健经营是打造百年老店的不二法门。

### 3. 控制的定义

谈完了风险来看控制，控制在管理学里的定义是这样的：控制（Control）是检查工作是否按既定的计划、标准和方法进行，发现偏差，分析原因，进行纠正，以确保组织目标的实现。控制职能几乎包括了管理人员为确保实际工作与组织计划相一致所采取的一切活动。控制和计划的关系相对密切，是一个问题的两面。计划越是明确、全面和完整，控制的效果也就越好。控制的目的在于通过采取纠正的措施，使实际工作符合原来的计划目标。

这个概念涉及一个观点，控制和计划的关系是相对密切的。也就是说，控制的过程一定是有节奏和计划设计的，这也是互联网金融风控的精髓之处，也是互联网金融产品经理在进行风控产品设计时需要考虑的内容。

风险和控制连到一起后，有了一个相对完整的定义，风险控制是指风险管理者采取各种措施和方法，消除或降低风险事件发生的可能性，或者减少风险事件发生时的损失。所以风险控制是风险管理中的一个环节。

一个全面的风险管理控制体系中，风险一般被分为市场风险、信用风险、业务风险、系统操作风险、品牌声誉风险、合规风险、战略风险等。在大家的认知中，信用风险和业务风险归信贷风控部门管、合规风险和政策风险归合规部门管、品牌声誉风险归市场部和 PR 部管。所以互联网金融公司一般会有一个 CRO 首席风险官的管理者角色去管理企业的各类风险决策。我们重点谈的是业务相关风险，也就是围绕金融平台和信贷业务去谈互联网金融风控产品经理需要了解的知识。

### 4. 风控部门

在互联网金融行业中，风控是一个独立的部门，这个部门离用户比较远，但是十分重要。风控工作本身也有很多细分的领域和侧重点，而作为想进入风控领域的新人，了解一些基本的流程和概念可以帮助自己快速融入行业。我本身不是风控产品经理，但是日常的工作中经常会和风控部门打交道，而了解风控部门的产品设计初衷和产品框架对沟通和项目推进十分有利。本章节不会对风控策略设计、机器学习、精算科学、决策树、风控建模方法等进行深入阐述，更多的是从风控基本概念出发，站在信贷业务的设计方和风控系统的需求提出方的角度展开论述。

前面提到了风险的定义和风险出现的决定因素，我们也了解到金融是跨时间、跨空间的对未来价值的交换，我认为金融的风险就是价值在跨时空交换过程中的各种不确定性。

业务风控部门的组织架构及分工很细，业务风控部门的工作从环节上分为三部分：事前监控，事中监控，事后处理。拿银行举例，风控部门主要在做三件事：事前防损（事件发生之前进行资产的防损预测）；监控止损（事件过程中实施的监控，防止发生异常情况）；合规控制（逾期处理、催收策略等）。

互联网金融的风控部门和银行的风控部门在理念层面高度相似，风控部门的职能和业务是强相关的。不同的业务体系有各自的风控产品经理和研发团队进行对应风控策略和风控模型的设计和执行。每个公司都有一套自己的风控体系，比如支付宝、微信支付，背后都有庞大的团队在进行相关模型系统的建立和打磨。风控的 PM（产品经理）和 RD（研发工程师）是门槛较高的职位，专业度很强。

### 5. 风控场景的分类

按照业务场景，风控分为账户风控、支付风控、信贷风控、理财风控、保险风控等。

聚焦在账户风控场景，其主要涉及注册、登录、身份验证等环节。互联网金融产品的账号安全是第一道防线。互联网金融公司会采取各种措施来保护用户账号和用户资金资产的安全，同时关注风控和体验的平衡，保证基本的业务转化率。账户风险一般会涉及木马植入、暴力破解密码、拖库撞库、虚假注册、短信轰炸、手机被盗用、非本人信息申诉等行为。

聚焦在支付风控场景，其主要涉及实名认证、银行卡绑定、身份识别、支付密码校验、支付前中后的行为风控、支付系统信息管理风控等方面。每一个环节都有大量的风控手段和风控策略，例如实名认证环节会引入银行卡四要素鉴权验证、OCR 身份证信息识别、活体生物识别等产品技术手段。这些都是我们需要了解的基本知识点，相关的产品能力和模块设计会在有关银行通道和金融科技的章节详细论述。

聚焦在信贷风控场景，其主要涉及信贷业务流程各个节点的风险控制、平台资金安全、用户资金资产安全、用户信息安全、推广运营活动反欺诈等环节。通俗地说，风控用于业务全流程的风险识别，包含授信流程、用信流程、还款流程等，同时还需要进行反欺诈、反作弊、防止薅羊毛、防止外部黑产攻击、防范用户资料和资金信息泄露等。

聚焦在理财和保险风控场景，其主要涉及业务的前期资产设计、申购流程、赎回流程以及资产信息的安全，同时理财产品对产品协议、宣传信息的合规性也有较高要求。风险提示和风险评估的产品设计也很重要。同时公司对所销售的理财产品有着严格的审核标准和风险预判意识，努力保证提供给用户的理财产品有较高的安全性和收益率。毕竟理财产品是需要用户把钱存进来的，所以用户对资金风险和资金交易实时进度查询等业务流程体验的要求高。

不同的金融平台都有不同的金融产品和对应的业务场景，场景的差异性决定了互联网金融平台业务风险的高低，不同的产品的风险等级也不同。风控策略和反欺诈的能力高低，决定了平台的生死。例如 P2P 理财产品和银行结构性存款相比，从申购风险的角度来看，一定是后者的风险更低，那么风控部门对于两款产品的工作侧重点也会有所不同。就信贷业务来说，教育分期和医美分期对比，医美分期的业务风险和逾期风险更高，这是人群差异性与业务模式差异性决定的。报名雅思英语培训班的贷款行为和为了整容而贷款的行为从消费场景和背后的原因来看都有天然的区别，造成后期催收和客户联络成本的差异性。所以这两类产品的风险定价和人群分层以及风控策略都是独立设计的。风控策略和系统设计是一个动态平衡和不断迭代的过程。

**6. 风控常见名词解释**

风控产品经理在工作中经常会用到一些名词和概念，理解这些名词的含义可以为后续深入学习风控知识打下基础。

（1）四要素实名验证

四要素实名验证，也称四项认证，是用户实名验证的基础，四要素包括：姓名、身份证号、银行卡号、银行预留手机号码验证码。除此之外还有二要素验证（姓名、银行卡号）、三要素验证（姓名、银行卡号、手机号）及六要素验证（一般用于贷记卡，包括姓名、身份证号、银行卡号、手机号、有效期及 CVN2 码），现在还有银行卡二类户和三类户的识别验证。这些接口主要来源于各大银行总分支行，比较全的数据还是在银联，每家对接的查询接口都有差异。

（2）黑名单的厚度

黑名单是风控中的一种策略，厚度就是数据的丰富度。拿到越多越真实的黑产数据或者异常账户的名单，越有利于业务的良性发展。所以在日常工作中，很多机构会一起完善和共建黑名单的生态，同时会进行一些共享合作。

（3）多头借贷

多头借贷，当同一个自然人在多个平台借钱时，就会产生多头借贷的行为。这个时候风控模型就起到了动态调节的作用，模型有两种，一种是前置模型，一种是后置模型，它们解决不同的问题。前置模型解决一部分人信用预判和授信的问题，如可以解决无业人员的申请问题；后置模型更多的是解决后期的反欺诈、后向行为（用户后续的操作行为以及交易层面进行的异常交易，在这个过程中发现问题并实时拦截）。不同的场景，用到的模型和风控规则也不一样。

（4）黑产

黑产的行为一般包含非法数据的窃取与交易、网络攻击与敲诈勒索、网络诈骗、打码破解等。金融行业从业者每天都在和黑产打交道，每个平台也都有自己的应对策略。黑产团伙的分工链条十分完整，同时有很多的工具及平台，包括卡源信息系统、猫池、解码平台、打码平台等，还有非法数据交易平台，这些数据来自黑户拖库撞库以及内部人员的盗库等行为。黑产和反欺诈是对立的，黑产的欺诈手段选择也是有针对性的，一定是优先选择成本低及简单可控的方案。所以如果一个目标平台或某个业务节点的反欺诈规则很强大，那么黑产就会放弃，换到更为容易实施的地方。根据网络公开的金融机构历年黑产相关统计数据来看，欺诈高发场景主要集中在信用卡、汽车金融、消费分期和现金贷，尤其是线上的现金贷的欺诈比例是最高的。后面谈到反欺诈时会有一个相关的现金贷的防范案例。

（5）催收

作为信贷业务，我们把钱放出去，也要把钱及时收回来，所以说让用户及时还款、进行催收就是一个非常重要的事情。具体的催收策略，每个公司都不太一样，公司在不同的时间段会采取不同的策略，也会有各种形式，比如 APP、短信、人工催收、机构进行提醒等，最终目的就是把钱尽快收回来。同时催收也会与自动代扣的逻辑协同配合，通过一系列组合手段提升资金回款率。催收策略要根据实际情况进行调整，采取逐步提醒的方式，最终让用户把钱还回来。

（6）风控模型

从广义角度讲，风控模型是代表任何运用数据构建的风险管理模式；从狭义角度讲，风控模型是运用数学统计、机器学习及深度学习等各类算法开发的数学模型。风控模型也是不断演化和迭代的。我们以金融风控模型为例，其可分为业务申请模型、反欺诈模型、催收模型、额度模型、预授信模型、客群识别模型、高风险拦截模型等。同时针对用户的大量个人信息也有相应的模型进行决策，如收入预测模型、学历预测模型、企业主特征模型等。风控模型搭建完成后，需要放到线上进行训练，通过历史数据和真实数据进行喂养，根据评判指标的分析进行调整和优化。

在风控产品团队，有独立设计风控模型的产品经理，而判断一个风控模型的效果和价值度，也会用到一些评判标准和指标，常见的有 KS、AUC 等一些数值。KS（Kolmogorov-Smirnov）用于对模型风险区分能力进行评估，指标衡量的是好坏样本累积分布之间的差值。差值越大，也就是 KS 指标数值越大，模型的风险区分能力越强。对于风控产品经理来说，数据样本呈正态分布是一个好现象。所以，KS 也是区分这个曲线的正态分布情况的，取值在 0~1 区间。数值大，可能样本分得过开，或者可能样本不是很好（或模型本身问题）。当然，KS 只是代表模型的分隔能力，并不代表绝对的对错。在我们平时的工作中，如果不专门从事风控产品设计，一般不太关注 KS 指标，只是关心最近风控部门调整模型和规则对实际经营的金融业务是否有新的影响或者某个业务环节的申请等转化率产生变化。

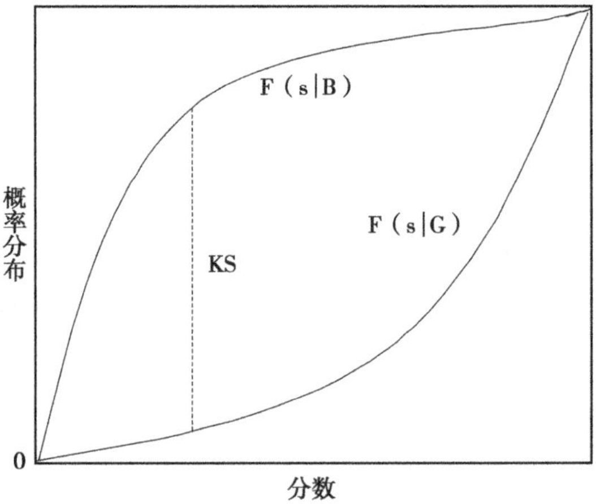


图 2-1　KS 指标

另外一个指标 AUC 和 KS 类似，是一个分值器，用来区分好坏样本，是 ROC 曲线的概率区域。AUC 值大，证明该算法在正负样本内有更好的分类。

风控模型是在风控策略整体体系下实现风险精细化和差异化的核心武器。我们在谈及风控时，还会提及风控策略这个词，风控策略是一个更为宽泛的概念，往往会包含风控的管理思维、风控相关制度机制、模型及规则产品框架、客群的差异化风控策略等。所以一套完整的风控策略，不应该只关注风控模型搭建、风控规则设计、授信通过率、不良率、回款率这些风控层面的执行事项和业务指标，行业趋势、市场客群变化、业务竞争优势、风控和体验的平衡、社会风险事件响应预案等都是风控策略确立需要考虑的事情。

（7）信用模型

信用模型是一个相对独立和重要的模型分支，在开展金融业务前，金融平台对申请人信用情况的了解十分重要，所以信用模型也称为大数据信用评分模型。传统信贷业务的信用评分模型主要侧重比较借款人信用历史资料与数据库中的全体借款人的信用习惯，核验借款人的发展趋势，判断违约、透支甚至没有债偿能力等各种陷入财务困难的借款人的发展趋势以及未来可能性倾向。传统的信用模型中，结构化的数据较多，同时多采取逻辑回归模型对一些固定的金融行为进行判断。在如今的互联网金融的大数据信用评分模型体系下，我们有了很多的数据来源和判断抓手，可以更好地识别信用风险，同时不再依赖几个变量就判断客户的好坏和决定是否拒绝，而是通过综合判断来找到真正优质的客户，从而在最开始就实施差异化的产品设计和风控策略。目前常用的数据来源分类有：用户提交数据、第三方金融数据、互联网相关数据及用户授权后拿到的行为数据等。

①用户提交数据。很多互联网金融平台都会提供一些泛金融的服务，例如信用卡还款、水电煤缴费等服务。平台在此过程中会得到一些用户的信息，部分信息可能会用于风控模型的完善。用户在业务申请时，也会上传一些证明材料，比如驾驶证、社保证明、营业执照、征信查询授权等，这些都属于用户提交数据的范畴。但是这里需要强调的是，任何数据的获取和使用都需要得到用户的明确授权或许可，一定要有严格的用户隐私获取流程、使用范围规范和信息安全规范，用户隐私信息的采集和数据的使用范围一定要合法合规。工信部 2020 年 7 月正式部署开展纵深推进 APP 侵害用户权益专项整治行动，并发布《关于开展纵深推进 APP 侵害用户权益专项整治行动的通知》。

②第三方金融数据。任何一个互联网金融平台的用户量和业务量都是有限的，所以需要尽量增加信息厚度和数据的获取渠道。很多中小型的金融平台本身风控能力较弱，更加依赖第三方的金融数据来开展业务和防范风险。常见的第三方金融数据有很多，这里列举一些金融数据的类型。提供这些数据的公司有很多，后面会单独列举一些常见的单体数据服务商和整体解决方案提供商。

- 失信历史及犯罪记录：在全国各级人民法院的涉案、失信以及被执行的信息，犯罪记录的数据主要来自公安机关。
- 社交消费数据：消费行为、社交行为、常去的地点等。
- 高风险数据：可共享的数据联盟里的高风险、黑名单的客户数据。
- 特殊名单：在银行、小额贷款机构和消费金融机构的不良记录，包括短时逾期、不良、欺诈、拒绝和失联。
- 常规验证数据：公安网实名、运营商实名、信用卡数据、学信网教育数据等。

③互联网相关数据及用户行为数据。除了用户提交的数据外，用户在使用互联网金融服务时，都会留下一些互联网的行为痕迹，开启一些权限，这些也是上文提到的工信部关注的用户权益和数据隐私的范畴。常见的互联网相关数据有：地理位置 LBS、IP 地址、地区信息、设备指纹（IMEI、机型，分辨率等）、Push 通知权限、摄像头权限、通讯录读取权限等，甚至是设备内的 APP 安装列表等敏感数据及权限。任何数据的获取都需要遵守必要原则，仅收集和提供业务相关的个人信息。同时隐私政策需要在很明确的位置进行提示，获得用户许可。

模型的搭建和训练依赖数据，但是数据不一定越多越好，重点是接入一些成熟和可靠的数据来源，数据的清洗分析也是关键。所以大公司的风控能力往往强于中小型公司就是这个道理。技术能力、数据分析能力、建模能力、管理机制都是核心优势。大公司除了内部使用风控能力和技术外，也以其进行对外合作和风控能力的输出。这就是互联网金融公司的另外一个核心业务：金融科技能力输出。

（8）风控规则

风控规则和风控模型是相互独立的，在实际工作中，负责模型和规则的也是两类产品经理。从某种角度来说，模型和规则是互相融合和支撑的关系，规则简单说就是一条一条独立的“如果……，那么……”。

比如一条贷前拒绝规则，近 2 天某一 GPS 地址在不同 IP 地址申请次数≥N，一旦发现申请者的申请信息满足这个条件，就会拒绝贷款。再比如一条账户拒绝规则，3 分钟内，某个账户登录行为，密码输入错误次数≥5 次，就会被限制登录 12 小时。

这类变量规则称为强拒绝规则，也可以理解为强拒绝策略。

除了这类强拒绝规则外，还有一些非强拒绝的规则，会通过阈值的控制进行容忍度的调节。同时也有一些体现在业务流程内的风控规则，通过多条规则的组合形成规则包，规则包的配置工作包含信息配置、数据打包、测试和部署执行。

我们在设计风控规则的时候，一定要结合场景，根据场景和环节的差异性进行对应设计。远离最终获利点的业务节点不建议做直接的阻断规则和强对抗。例如在不明确和无法准确判断用户质量和还款能力的情况下，可以触发补录规则，先让用户多补充一些个人信息，例如紧急联系人、收入范围、运营商数据等，以此为后续的额度给出提供判断依据。同时，每一个关键的业务节点，都应尽可能有效地完成风险控制，预判出可能出现的异常点，做好单独应对策略和通用策略，不能将所有的风控问题集中在一个业务节点上解决。同时强调各业务节点的数据串联的价值，当前业务节点产生的所有有效结论，都应该流入下一个业务节点作为辅助特征信息。下游节点产生的确切结论，也应“反哺”到上游，形成数据的回溯和互相协同。

在风控决策引擎里有大量的单变量风控规则和多维度的规则包，规则包也有不同的权重，实际的业务决策过程中根据不同的规则来触发后续行为，例如提示、拦截和放行等行为。规则的具体内容以及规则的阈值设定是互联网金融公司风控的最高核心机密。风控规则随着时间的推移和业务的积累，几千上万条都很正常。所以，市面上很少有人能够分享和业务强相关的风控规则内容，每家公司的容忍度和风控规则的尺度都不尽相同。

（9）评分卡

评分卡是综合用户的多维度信息（如基本情况、偿还能力、信用状况、还款意愿等），基于这些信息综合运用数学分析模型，进行用户个人综合评分和判断违约可能性的风控工具。

在生活中存在很多显性或隐性的“评分卡”机制。例如选购汽车时需要考虑价格、电耗 / 油耗、安全系数、综合性能、外观内饰、科技智能设备等因素；选择培训学校时需要考虑地理位置、师资力量、环境设施、课程内容、价格等因素。

评分卡模型是分类模型中的一种特殊表现形式。在评分卡模型建立后，需要将模型转化为更直观、更易实施的形式，也就是标准评分卡。标准评分卡可以一眼看出每一个入模变量落在哪个区间，可以得到多少分。这个过程会使用到三个参数，即标准分、标准好坏比、PDO，最终计算出好坏比和分数的对应关系。算法有很多，例如决策树、逻辑回归、支持向量机、神经网络等。

通常情况下，我们会将评分卡根据使用阶段分为申请卡、行为卡、催收卡。

① A 卡（application score card），申请评分卡。在客户申请处理期，预测客户开户后的时期内违约拖欠的风险概率，有效排除信用不良客户和非目标客户的申请；一般侧重于贷款前的流程；主要影响额度的授予和定价的生成。

② B 卡（behavior score card），行为评分卡。在账户管理期，根据账户历史上所表现出来的各种行为特征来预测该账户未来的信贷表现；一般侧重于贷款中的流程；主要影响业务申请过程中的信息补录项触发、征信审查策略、额度调整策略等环节。

③ C 卡（collection score card），催收评分卡。在账户管理期，对逾期账户预测催收策略反应的概率，从而采取相应的催收措施，需要大量的用户数

据和后续催收的行为数据进行迭代修正；一般侧重于贷款后的流程；主要用于 Pre 催收策略、M1 催收策略、高风险复联、委外推送策略等环节。

当然，不同公司也会针对业务差异性和业务发展目标进行客户群分层评分模型的定义。一般互联网金融的信贷业务会将客群分为 A+、A、B、C、D、E 等不同层级，A+ 层级的客群为最优质客群，会重点经营，相对的风控策略也会有倾斜，例如临时调额、优惠券赠送、信用分提升等。

模型、评分、策略等都是为实际业务服务的，脱离了业务场景的模型和评分是无源之水，脱离了业务场景谈模型和规则的可用性和准确性也没有意义，所以风控一定都是基于业务和实际场景进行设计的。在日常工作中，用户端的产品经理和风控产品经理会紧密配合，在风险和用户体验之间寻找平衡。用户体验做得好，来的人都是高质量的客户，同样也能降低风险等级。金融业务就是在风险与收益的博弈中更快更稳地达到平衡，叠加良好的用户体验，最终实现利润最大化。

（10）风险定价

风险定价（risk pricing）是指对风险资产的价格确定，它所反映的是资本资产所带来的未来收益与风险的一种函数关系。建立风险定价体系须考虑经营成本、目标利润率、资金供求关系、市场利率水平、客户风险等因素。

风险定价简单来说，就是根据风险的等级来确定不同的定价策略。我们拿现金贷产品来举例，在设计一款现金贷产品的过程中，会针对不同的客群进行风险识别和层次分级，会用到前面提到的风控规则和风控的模型，风险定价也是一类风控模型，核心思想是根据客群的基本属性、借贷行为、风险级别等维度对客群进行划分，不同的客群给予不同的额度、利率、还款方式等 offer 内容以及差异化的营销手段。我们可以打开支付宝借呗和微信微粒贷等产品，查看平台给予你的额度和利率是否和周围人完全一样，实际情况往往都是有所差异的。A 客户可能是 30000 元额度，0.03% 的日利率，B 客户可能就是 2000 元额度，0.05% 的日利率。

差异化风险定价的关键价值在于精细化、精准化定价，平台需要以风控能力和手段的全面智能化为追求目标。风险定价的过程也是考验风控和业务能力的过程，一般会采取小流量和 A/B 测试的方式进行一个新定价策略的试验，通过敏捷迭代机制，来快速分析用户的行为反应和业务转化情况。例如目前希望针对 A 客群提高其在贷余额和用信意愿，则会开启调额提价的定价策略，如果发现某用户有逾期还款行为或预判其存在违约风险，则会调低其授信额度，拉高其利率水平，以便进行动态平衡。类似这样的调整行为往往会分客群、分流量、分渠道、分时段来进行试验，也有很多企业采取白名单机制进行试验，在策略上线的过程中要防止用户发生逆向选择的情况，调整过猛会造成客户的流失。风控和业务的产品经理要紧密配合协同，在风控策略和前端页面展示等维度进行整体方案的设计，做好数据指标监控。风险定价这种浮动定价机制的建立，可以在贷前就避免借钱给失信人群，减少贷后管理的成本，在业务申请前期就压住风险的敞口。

如今各大互联网金融公司都开始重视金融科技产品，不断提升风控能力，实现差异化的风险定价和产品流程设计，自建大数据的风控模型和反欺诈系统，同时也提供对外的风控能力输出服务，为企业提供整体解决方案。例如同盾科技、度小满、京东数科等都有专业的风控能力输出服务和商业化的金融科技服务。

做好风险定价需要积累大量数据，持续对风控模型进行迭代，根据不同场景和不同客群进行“千人千面”的差异化风险定价和业务流程设计，实现每个人都可以得到与自身信用水平和实际需求相符的金融服务。

（11）反欺诈

反欺诈也是风控的重点工作之一。反欺诈同样依赖反欺诈策略和模型，主要通过客户信息和行为信息的收集，经过规则 + 名单 + 反欺诈的风控模型，进行欺诈、伪冒、造假团伙等欺诈风险的识别。

反欺诈的判断流程一般都是策略和规则先行，通过不断的数据积累，最后形成固化的反欺诈模型。很多反欺诈的规则都是紧急上线和有时间周期特征的。例如 2019 年年底，境外的电信诈骗十分猖獗，某互联网金融平台连夜上线了一个活体验证环节的欺诈风险提示弹窗，通过反欺诈的单条规则对高风险客群进行了定向弹窗提示，效果十分明显，有关被骗事件的客诉量大大降低。

反欺诈的类型有两个：本体第一方欺诈和第三方欺诈。本体第一方欺诈，申请人本身就是欺诈主体，进行恶意的业务申请行为，例如黑产团伙集体进行骗贷申请。第三方欺诈是客诉的高发欺诈类型，很多信贷申请都不是本人行为或者是被人操控的申请行为，实际申请人或操控人是第三方，通过冒用身份和非法诱导等方式来实施欺诈行为。例如前面提到的活体验证环节欺诈的案例，受害人是本人操作申请信贷，但是黑产会远程指导被害人进行申请并诱导其进行最为严格的活体验证，所以在这个节点精准提示风险十分及时，可以起到警醒的作用。

反欺诈是一个矛和盾的博弈过程，黑产会不断地调整欺诈手段，反欺诈方法需要实时进行更新，同时关注客诉率和相关风控指标。反欺诈的过程中也需要信审团队的大力配合，通过人工智能的机器算法结合人工电话回拨核验等方式进行反欺诈行为的识别和拦截。

（12）信息图谱

前面提到了黑产和反欺诈，在实际工作中，很多欺诈案件（比如身份造假、团体欺诈、代办包装等）都十分复杂，背后涉及庞杂的人际关系网络，这也给欺诈审核带来了困难。

信息图谱作为关系的直接表示方式，可以很好地解决这个问题。信息图谱也叫知识图谱，是人工智能领域很常见的一个应用。知识图谱提供非常便捷的方式来添加新的数据源，知识图谱本身就是用来表示关系的，这种直观的表示方法能够帮助我们更有效地分析复杂关系中存在的特定潜在风险点。通常意义上，利用知识图谱可以识别三类信息。

①团伙识别。通过某些关系将一个团伙成员全部连接起来，可以快速识别团队作案，例如 2019 年著名的某教育机构集体骗贷事件，就是利用知识图谱及时发现的。

②身份伪造。某个人的身份资料在知识图谱不同的案件中出现了矛盾。

③贷后失联。借助于知识图谱进行贷后催收，找到与失联人有关系的联系人，提升对逾期失联客户的联络概率。

知识图谱在风控引擎中的应用也可以通过规则、模型等实现。知识图谱在人工智能领域十分热门，除了在金融领域应用外，还有更广泛的价值。

**7. 风控常见分析监控指标**

风控的数据指标和监控项很多，指标是反映业务变化最直观的信息，通过对指标的分析可以及时发现和定位业务拓展过程中出现的问题和风险点，决策业务部门进行相应的控制手段调整。在此汇总一下日常汇报中经常用到的一些指标，也是一些比较基础的风控指标。

简单介绍一下 M 和 D 的含义，M 就是月，D 就是天。例如，逾期指标中提到的 M1 表示逾期 1 期，每期为一个月。

期初、期末：一般指账单日的起始日、结束日，或者自然周、月、季、年份等的起始。

件数、金额：进件数和进件金额。

逾期天数：自约定还款日起的未还款天数。一般表示为逾期 D，D1 表示逾期 1 天，D1+ 表示逾期天数大于等于 1（默认“+”代表大于等于）。

逾期期数：以信贷分期类产品为例，M1 表示逾期 1 期，M1+ 表示逾期大于等于 1 期。根据逾期天数，又分为 M0~M7+ 等八个阶段。没有逾期的是 M0，逾期 1~29 天的为 M1，逾期 30~59 的为 M2，以此类推，逾期超过 180 天的为 M7+。

逾期率：逾期贷款剩余本金（逾期贷款剩余本息）/ 总剩余本金（总剩余本息）。

逾期用户数：指逾期的用户人数，同样需要加上前期的限定条件，例如 M1 逾期用户数。

日均进件量：表示某特定周期内每日进件数量的平均值。

件均金额：表示某特定范围内平均每进件的金额数。一般统计都会按照进件量和金额两个维度统计，例如，M1 表示逾期 1 期，可以细分为逾期件数和逾期金额、月均逾期件数和月均逾期金额等指标。

不良率：不良资产占全部资产的比例。每个公司对坏账的定义是不同的，一般的信贷分期业务多将 M3+ 定义为不良。

入催率：表示在某一个还款日，客户从 M0 变成 M1 的比例。比如，今天有 N 个 M0 客户到了还款日，里面有 M 个客户按时还款了，那么今天的入催率就是（N–M）/N。

FPD：表示首期逾期率，是指某一个还款日，仅第一期到期的客户中有多少没有按时还款。首期逾期率是风险管理中用来衡量欺诈水平的指标。大部分的欺诈用户的第一期是不会产生还款行为的。

不同的指标对应的分析目标和监控决策点不同，需要根据实际应用场景进行确定和调整，有兴趣的读者可以查阅更专业的风控类书籍。

## 2.3.2　支付通道：资金流通的管道

合抱之木，生于毫末；九层之台，起于累土。——老子

支付能力是支撑金融业务运行的最基础能力，不管是线上购物，还是申购理财、信贷还款、购买保险等，都会用到支付能力。在互联网金融公司的业务框架中，支付产品是最基础的产品能力，也是互联网金融产品框架中最底层的地基产品。互联网金融公司创办之初，都会先搭建自己的支付体系。不管是对接第三方支付系统，还是申请第三方支付牌照自己做支付系统，稳固的支付体系是后期发展互联网金融业务的保障。

而支付通道是支付体系里资金流动的管道，是支付产品经理必须了解的。

我们平时在淘宝下单购物、支付宝购买余额宝时都会用到支付收银台，输入密码后完成支付行为，而这些产品流程的底层资金都是通过支付通道进行流转的。如果没有支付通道的支持，再好的支付产品和流程都是跑不通的。

支付通道按照用途可以分为出款通道、入款通道和鉴权通道。不同的通道有不同的目的。出款通道也叫付款通道，常见的场景有代付代发工资、资金转账、余额提现、电商交易退款等。入款通道也叫收款通道，常见的场景有网络支付、信用卡代扣、游戏点卡购买、生活缴费、公交地铁卡充值等。鉴权就是鉴定权利，鉴权通道不涉及资金流转，是一类特殊的信息通道，主要用于卡信息验证、个人信息验证，常用场景为四要素验证、实名认证、银行卡绑卡等。我们平时在支付宝、微信绑定一张银行卡的过程就是用鉴权通道来完成的，例如微信支付绑卡的过程其实就是在银行开通了微信的快捷支付功能，并签署了一份快捷支付协议。

支付通道作为支付系统的底层能力而存在，上层会包装成不同的支付产品提供给业务使用。例如支付宝、财付通、度小满支付，这些公司会把自己的支付能力打包成不同的支付产品进行输出。例如信用卡还款产品、POS 收单产品、NFC 近场支付产品、代扣产品等。

代扣产品是第三方支付公司的主要营收手段之一，代扣也称为代收，是用户授权后商户主动发起，并从用户指定账户扣款的支付业务，也就是常说的支付公司的通道业务里的一类，例如信贷业务自动还款、有线电视费按月代扣、理财产品定投扣款等。

支付通道的丰富度、稳定性、成功率、通道手续费水平是第三方支付公司的核心竞争力。想成为第三方支付公司需要拥有第三方支付牌照，目前累计发放和完成 2022 年续展的有效支付牌照（又称《支付业务许可证》），数量为 201 张（数据截止到 2022 年 9 月）。

中国人民银行 2011 年首次发放第三方支付牌照，目前支付牌照主要分为网络支付、银行卡收单、预付卡发行与受理三大类，其中网络支付又细分为互联网支付、移动支付、数字电话支付和固定电视支付等。目前很多互联网企业在涉足第三方支付时都是采取收购已有牌照的形式进行业务拓展。最近几年，无论是传统企业还是互联网企业，都在推进自己的支付业务，通过收购的形式搭建自己的支付体系，例如美团收购钱袋宝、恒大收购集付通、小米收购捷付睿通、滴滴收购一九付、今日头条收购武汉合众易宝、拼多多收购付费通，都体现出巨头们进入支付领域的野心。

如果你所在的公司拥有支付牌照，那么一定会涉及支付通道的相关工作，相应的职位称为支付通道产品经理，或者支付系统产品经理。如今各家的支付系统架构较为同质化，产品经理的发挥空间不大，更多的工作是系统维护和调优，还有通道能力的对外输出和商业解决方案的设计。

如果你所在的公司没有支付牌照，但是需要支付能力，这种情况就比较简单，可以直接对接支付宝、微信的支付服务。这些第三方的支付公司有完整易用的支付解决方案，包括支付收银台产品和商户结算后台系统，可以快速完成支付能力的接入。实际工作中，你需要选择一家手续费相对较低、稳定性和支付成功率有保障的公司进行对接。手续费率会根据业务规模和业务合作深度有所区别，比如，给大型交易平台的支付手续费率在 0.3% 以下，甚至更低，而给初次合作的个人商户或者小平台的费率可能达到 0.6% 左右。

### 2.3.3　支付收银台：离用户最近的产品形态

产品能力基础 + 交互载体多样性 + 用户体验趋同性

通道是支付系统的底层能力，收银台产品是离用户最近的产品形态，也是支付解决方案中支付方式的具体表达载体。收银台顾名思义就是进行资金收付的产品。我们在超市购物结账时，会经过收银台，收银员通过扫码枪扫描商品条形码得到支付金额，然后顾客付款结账，这个过程就是收银。而互联网平台上的收银台也是对应这个环节的产品形态。

收银台可以分为线上收银台和线下收银台，按照载体可以分为 PC 收银台、SDK 收银台、H5 收银台等，收银台产品还会包含不同的支付方式，例如快捷支付、网银支付、扫码支付、代扣支付等。

通道提供底层能力，上层包装成支付方式，叠加互联网表达载体，然后整合成支付收银的解决方案。目前常见的支付收银台除了可以通过银行卡扣款外，还会叠加优惠券、金币，红包、积分等平台有价代币进行混合支付抵扣，如图 2-2 所示。

图 2-2　PC 收银台

除了以上提到的一些支付方式外，还有电话支付、充值卡卡密支付、移动和包支付等方式。现在还出现了信用支付的模式，本质是通过开立银行二类户的方式开通一笔小额贷款直接用于实际消费场景，按月还款付息。例如拍拍贷的 KOO 花卡本质是用户在百信银行或上海银行开立的二类户银行卡，在微信支付绑定该卡后，就可以在微信支付的场景以 KOO 花卡的信贷额度进行结算和消费。类似的产品还有分期乐的乐花卡、百度闪付卡、小赢卡等。各家不断创新模式，不同的支付方式解决不同场景的诉求。

### 2.3.4　银行卡：了解小卡片背后的知识

习以为常的小小卡片，蕴含着大大的智慧

如今大家都习惯了网络支付，很少随身携带传统的实体银行卡。而银行卡的背后有很多的知识对于我们理解和设计支付产品有着重要的意义，在设计实名认证、银行卡绑卡、通道路由、虚拟信用卡、支付收银台等产品时，我们都会用到银行卡的基本知识。

银行卡可以分为借记卡和借贷卡，也就是我们常说的储蓄卡和信用卡。

以普通银联借记卡为例，我们看看一张银行卡的卡面上都有哪些关键信息点，如图 2-3 所示。

图 2-3　银联卡正面图（卡样）

### 1. 发卡行名称

目前国内除 17 家全国性银行外，区域性银行和外资银行也具备了发卡条件。一些新发卡银行为了吸引持卡人，还会提供差异化服务，如跨行取款免手续费、自选卡号、自定义卡面图案等。

### 2. 卡 BIN

卡 BIN 号即银行标识代码的英文缩写。BIN 由 6 位数字表示，出现在卡号的前 6 位，由国际标准化组织（ISO）分配给各从事跨行转接交换的银行卡组织。银行卡的卡号是标识发卡机构和持卡人信息的号码，由三部分组成：发卡行标识代码（BIN 号）、发卡行自定义位、校验码。

常见的卡 BIN 号："62" 打头的为银联卡，"4" 打头的为 VISA 卡，"5" 打头的为万事达卡，"35" 打头的为 JCB 卡，"37" 打头的为美国运通卡。

我们发现一个有趣的现象，银联主导的线下支付优惠活动会要求用户使用 "62" 开头的银行卡。

### 3. 有效日期

一般来说，只有信用卡卡面上会印有有效日期。如果在到期日前持卡人没有前往指定网点注销卡片，银行会根据持卡人的信用额度补寄一张新卡，卡号维持不变，以方便持卡人使用。补寄新卡片默认未开通，需要持卡人拨打银行客服电话自行开通后才可使用。

#### 4. 持卡人姓名

一般为卡片所有者的姓名全拼，部分信用卡还会标注持卡人性别，如 Mr. Jiang Feng。

#### 5. 卡组织标识

卡组织是负责建设和维护银行卡跨行网络并提供信息转接和资金清算服务的专门机构。过去银行卡组织由美国和日本垄断，2002 年中国银联成立，打破了国际卡组织的垄断，目前世界主要卡组织包括：中国的中国银联；美国的 VISA、万事达、美国运通、发现卡；日本的 JCB。

银行卡的背面相对信息量较少，主要包含签名条、客服电话和 CVV2，CVV2 在进行信用卡网络支付时也会用到。之前的银行卡还会有磁条，现在的银行卡全部是芯片卡，使用更加安全。

#### 6. CVV2

CVV2 也称为 CVN2，主要用于非现场支付的卡片安全校验，为确保安全，用户须保护好自己的 CVV2，以免被不法分子获取，造成资金损失，如图 2-4 所示。

图 2-4　银联卡背面图（卡样）

## 2.3.5　信用体系：全民重视信用的时代

个人信用十分珍贵，审慎守护，适度使用

当今社会，人们对自己的信用情况越来越重视，中国人民银行个人征信报告、芝麻信用分、京东小白信用分、微信支付分等，从不同的角度和维度证明你的信用情况。在互联网金融公司中，有专门负责信用体系的产品部门，对接中国人民银行征信系统和其他与信用相关的数据源，设计差异化的信用查询和判断能力，为金融产品提供信用评估模型和相关支持。

传统的金融业务开展过程中，金融机构需要和申请人面对面地进行资格确认，需要申请人提供收入证明、工作证明、房产证等材料来证明身份和资产情况，而目前互联网金融业务，尤其是信贷业务的开展涉及的是线上申请，需要通过一些权威的信息源了解和判断申请人的个人情况和资质情况，从而给出更为合理的 Offer 定价和服务可承接度。查个人征信报告就是一个关键手段。

中国人民银行征信中心是建立个人“信用档案”，并为各商业银行提供个人信用信息的专门机构。中国人民银行征信系统包括企业信用信息基础数据库和个人信用信息基础数据库两大部分。其中企业信用信息基础数据库建设始于 1997 年，并在 2006 年 7 月份实现全国联网查询。个人信用信息基础数据库建设始于 1999 年，2006 年 1 月正式运行。2020 年 1 月 19 日，征信中心面向社会公众和金融机构提供第二代信用报告查询服务，信息更加丰富、全面、精准。目前谈到征信报告，一般指个人征信系统生成的征信报告。

个人征信报告主要包含个人基本信息，例如姓名、证件号码、家庭住址、工作单位等信息，同时还包含贷款信息，以及信用卡的相关信息，可以直观地看到个人办理信用卡的张数和还款逾期情况。除此以外，水电费的欠缴、法院判决、欠税等信息也会逐步体现在个人征信报告中。这些个人征信信息是金融机构判断“你是谁”的重要信息来源。金融机构通过这些信息来决定你是否是金融平台可以服务的客户以及对你的可经营性价值进行判断。

个人征信报告的价值十分明显，可以极大地提升金融机构服务客户的效率。金融机构通过征信报告的内容可以更快地判断客户的情况，这也体现了公平性，让事实说话，避免了以往线下业务员的个人偏见和主观臆断。

个人征信报告的数据来源十分丰富，主要来自全国各类金融机构，各类互联网金融机构的征信查询和相关业务数据上传也是重要的数据来源。目前银行、有牌照的小额贷款公司，消费金融公司等都会100%查询和上报中国人民银行个人征信报告，个人征信报告是体现一个人全方面个人信息和信用情况的综合体。截止到2019年6月19日，中国人民银行征信系统已是全球规模最大的征信系统，累计收录9.9亿自然人的征信数据。

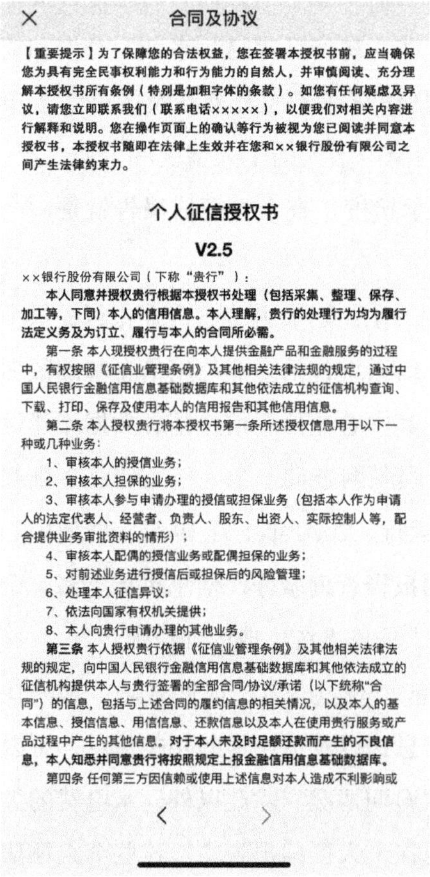
× 合同及协议

**【重要提示】为了保障您的合法权益，您在签署本授权书前，应当确保您为具有完全民事权利能力和行为能力的自然人，并审慎阅读、充分理解本授权书所有条例（特别是加粗字体的条款）。如您有任何疑虑及异议，请您立即联系我们（联系电话×××××），以便我们对相关内容进行解释和说明。您在操作页面上的确认等行为被视为您已阅读并同意本授权书，本授权书随即在法律上生效并在您和××银行股份有限公司之间产生法律约束力。**

**个人征信授权书**

**V2.5**

××银行股份有限公司（下称“贵行”）：

**本人同意并授权贵行根据本授权书处理（包括采集、整理、保存、加工等，下同）本人的信用信息。本人理解，贵行的处理行为均为履行法定义务及为订立、履行与本人的合同所必需。**

第一条 本人现授权贵行在向本人提供金融产品和金融服务的过程中，有权按照《征信业管理条例》及其他相关法律法规的规定，通过中国人民银行金融信用信息基础数据库和其他依法成立的征信机构查询、下载、打印、保存及使用本人的信用报告和其他信用信息。

第二条 本人授权贵行将本授权书第一条所述授权信息用于以下一种或几种业务：

1、审核本人的授信业务；

2、审核本人担保的业务；

3、审核本人参与申请办理的授信或担保业务（包括本人作为申请人的法定代表人、经营者、负责人、股东、出资人、实际控制人等，配合提供业务审批资料的情形）；

4、审核本人配偶的授信业务或配偶担保的业务；

5、对前述业务进行授信后或担保后的风险管理；

6、处理本人征信异议；

7、依法向国家有权机关提供；

8、本人向贵行申请办理的其他业务。

**第三条** 本人授权贵行依据《征信业管理条例》及其他相关法律法规的规定，向中国人民银行金融信用信息基础数据库和其他依法成立的征信机构提供本人与贵行签署的全部合同/协议/承诺（以下统称“合同”）的信息，包括与上述合同的履约信息的相关情况，以及本人的基本信息、授信信息、用信信息、还款信息以及本人在使用贵行服务或产品过程中产生的其他信息。**对于本人未及时足额还款而产生的不良信息，本人知悉并同意贵行将按照规定上报金融信用信息基础数据库。**

第四条 任何第三方因信赖或使用上述信息对本人造成不利影响或

图 2-5　个人征信授权书

个人征信数据在使用时需要严格遵守相关规定，经过用户的授权后才能使用。所以我们在查询中国人民银行个人征信报告时，都会看到授权协议的页面。其他征信数据的采集和使用都会要求明示相关授权协议和隐私协议，以保证信息的安全，如图2-5所示。

金融机构会定期上传用户的金融业务办理信息及征信数据到中国人民银行征信中心，原则上征信报告的内容是无法修改的，征信中心只负责客观地记录放贷机构报送的数据，不能自行修改、删除数据。如有特殊情况，例如放贷机构在数据处理环节出现了失误、用户身份信息被盗用、受委托的第三方未及时还款等，可以启动相关变更流程。用户也可以向征信中心申诉。互联网金融公司在实际业务开展中，也会碰到协助用户进行征信报送内容修改的情况，只是比较少见。

除了中国人民银行征信中心外，国内还有一些拥有征信牌照的征信机构，在不同的领域提供信用评估和其他信用相关服务。比较出名的是百行征信。2018 年 3 月，中国人民银行发放了首张个人征信牌照，百行征信成为中国第一家获得个人征信业务经营许可的市场化公司。

百行征信由市场自律组织——中国互联网金融协会与芝麻信用、腾讯征信、前海征信、考拉征信、鹏元征信、中诚信征信、中智诚征信、华道征信等市场机构按照共商、共建、共享、共赢的原则共同发起组建。公司于 2018 年 3 月 19 日在深圳注册成立并落户福田，注册资本 10 亿元。2020 年 7 月，百行征信完成了企业征信业务经营备案，成为国内首家同时拥有个人征信和企业征信双业务资质的市场化征信机构。在中国人民银行监管指导下，百行征信有限公司主要专注于征信、信用评估、信用评级、数据库管理等业务，是一家从事个人征信、企业征信及相关产业链开发的信用信息产品与服务供应商。同时，百行征信还对接了公安身份信息、运营商手机信息、银行卡信息、航空出行和铁路出行信息、失信被执行人信息和互联网金融逃废债信息等 9 类信息，并与地图数据信息、地方政务信息等提供者开展相关合作。

截止到 2022 年中，国内个人征信牌照有两张。朴道征信于 2020 年 12 月 28 日在北京朝阳自贸区注册成立，其第一大股东是北京市国资委旗下的北京金融控股集团，注册资本十亿元，是全国第二家同时持有个人征信业务牌照和完成企业征信业务经营备案的市场化征信机构，将在法律法规框架内向整个社会提供个人信用报告、信用评分评价、用户信用画像、反欺诈、身份核准核验等征信服务。

除此以外，市面上还有一些信用类的产品。例如芝麻信用分、京东小白分等信用类产品在实际产品设计中，会从用户信用历史、行为偏好、履约能力、身份特质、人脉关系五个维度客观呈现个人信用状况，并得出综合分值。蚂蚁信用分的分值范围为350~950分，分值越高代表信用越好，表示违约概率相对较低，较高的芝麻分可以帮助用户获得更高效、更优质的服务，主要是生活服务、消费服务等，例如600分以上可以申请先入住后付款的免押金入住酒店服务。随着数据厚度和科技水平的不断提升，差异化的增值服务和权益品类会越来越丰富和多元化，如图2-6所示。

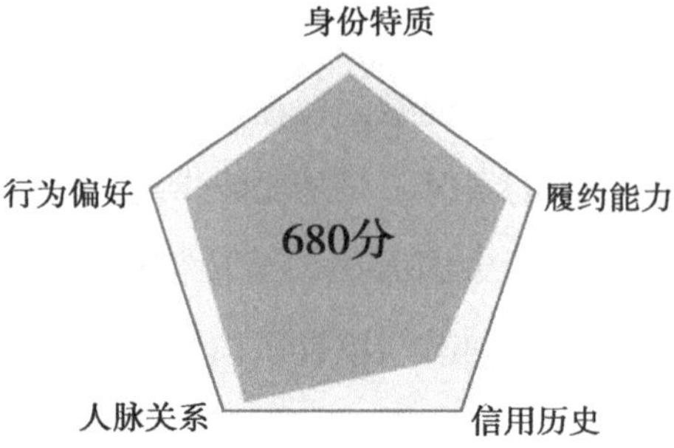


图 2-6　五维信用评估

这里需要强调的是，目前除了中国人民银行征信系统外，互联网金融平台的各类信用类产品，在个人征信领域的应用场景和业务边界受到越来越严格的限制。没有个人征信牌照的企业是不允许从事个人征信业务的。2021年1月出台的《征信业务管理办法（征求意见稿）》明确指出，利用个人信用信息对个人做出的画像、评价等业务都属于征信业务，所以一些大型互联网网站和平台的个人信息服务也将被纳入征信监管范畴。很多信息属于个人隐私范畴，即便是持牌的征信机构，也不可以随意获取、调用。远观未来，征信+科技是互联网金融行业的大趋势，征信业务的规范化管理值得整个行业持续关注，个人和企业征信数据的价值也会持续上升和被全社会重视。

2022年下半年，征信“断直连”的推进节奏进一步明确和加速，平台、金融机构和征信持牌机构的合作模式和数据流通模式都会发生很大的变化。从事信贷业务的金融平台在和金融机构合作的过程中，在授信申请、用信申请、贷后管理等流程中一定需要查询个人征信数据。按照个人征信业务整改工作的具体要求，金融平台在与金融机构开展获客引流、助贷、联合贷等业务合作时，不得将个人主动提交的信息、平台内产生的信息或从外部获取的信息以申请信息、身份信息、基础信息、个人评分画像数据等名义直接向金融机构提供，须实现个人信息与金融机构的全面“断直连”。

征信“断直连”使各方的底层系统及前端服务流程的改造成本都比较

高，对于市面上的持牌互联网小额贷款企业来说，这是 2022 年十分重要也必须高优处理的一件大事。京东金融、360 金融、度小满等诸多头部企业都在积极准备对策方案，最大化地降低对业务的影响和对客户体验的折损，百行征信、朴道征信等持牌个人征信机构，将在其中发挥行业“征信数据流通对接”的角色，促进行业的健康发展。征信“断直连”的最终形态和最佳合作模式值得我们持续关注。

### 2.3.6　金融科技：未来最重要的竞争壁垒

科技让生活更美好，让金融更加普惠、便捷

在互联网金融行业，科技能力十分重要，互联网金融通过各种创新思维和新技术手段让金融产品和金融服务覆盖到千家万户，影响着每一个人的生活。如今每个行业都离不开互联网，离不开科技能力。金融行业更是深受科技能力的带动，提升服务效率，降低交易成本，改善用户体验，打通获客渠道，扩展着无限的可能性。

金融科技（Financial Technology，FinTech），是科技手段在金融领域和金融产品的不断融合、创新和应用。各类技术手段，例如大数据、云计算、人工智能、区块链等，都可以应用于金融行业。同时金融科技能力的输出和行业解决方案的输出也是目前互联网金融企业的重要商业模式——设立金科事业部，负责金融科技能力的设计、研发、整合和输出，对内提供产品支撑能力，对外输出商业化解决方案。

#### 1. 金融科技的发展

金融科技的发展历程分为三个阶段：金融电子化信息化、科技推动创新、金融科技融合。

第一阶段可以追溯到 2013 年之前，主要是金融企业通过传统的 IT 软硬件进行自动化、电子化和无纸化的转变。这时的电子化主要还是在金融体系内部进行孵化和升级。2004 年，支付产业开始崭露头角。2009 年比特币诞生，

2011 年，科技部、中国人民银行等部门确定了 16 个地区作为首批促进科技和金融结合的试点地区。

第二阶段为 2013—2017 年。这段时间互联网金融高速扩张，大量的信息科技公司逐步浮出水面，例如 2013 年余额宝的诞生，金融资金端、资产端、交易支付端实现互联互通，对传统金融结构产生深远的影响，通过互联网实现信息共享和业务融合，网络借贷、网络支付、网络众筹、互联网基金销售、财富管理等各类金融科技新模式不断涌现。2013 年是互联网金融元年，金融科技也正式进入大众视野。

第三阶段为 2018 年至今，在经历了各类“创新物种”的发展和演变后，很多模式慢慢退出大众的视野，真正对用户有实际帮助、能够产生稳定持续成长性的业务变得更加重要。同时国家的政策和监管也越来越严，金融科技的定义和服务范围以及隐私保护要求都发生着变化。科技是不断进步的，人工智能和金融的结合越来越紧密。如今互联网金融的产品设计和业务系统无处不藏着各类科技手段，同样的业务在不同公司的科技能力差别很大，例如智能风控、OCR 识别等。核心竞争力即体现于此。

#### 2. 金融科技的典型技术和应用场景

金融科技的技术主要分为五类：互联网技术（互联网、移动互联网、物联网）、大数据、分布式技术（区块链、云计算）、人工智能、安全技术（生物识别技术）。每一类在实际金融产品流程中都有对应的支持。如今的互联网金融公司都会开发自己的手机移动客户端 APP、小程序以及 SDK 等产品，这些产品在实际运行过程中积累了大量用户行为数据和业务数据，这些数据的理解率、利用率、挖掘深度、整合程度都影响数据的利用价值，基于分布式的大数据存储，以及云计算挖掘萃取分析技术都是金融科技的范畴。金融科技在不同的金融产品中都有对应的场景和需求解决方案。例如支付产品中的实名验证、活体验证会用到生物识别技术，风控建模和反欺诈策略产品中会用到大数据和人工智能技术，智能电销呼叫系统会用到语音识别、语义识别和知识图谱等技术，电子合约合同产品会用到区块链技术等。

### 3. 金融科技的公司生态

科技改变生活，也改变着商业模式和未来的商业走向，从事金融科技的公司很多，按照业务可分为智能投研、智能支付、智能风控、智能营销、智能客服、智能云服务等类别。每一类都有很多的公司，分布于不同的细分赛道。

李开复曾说："人工智能最好的应用领域之一是金融领域，因为金融领域是唯一纯数字领域。"互联网金融时代，借助人工智能和大数据，平台对用户的甄别能力和风险识别能力得到了质的提升。

如今很多互联网金融企业都从金融科技转变为科技金融，更强调自己的科技和技术背景，侧重科技能力的搭建，从而更好地区别于传统金融机构，发挥更独有的价值。

目前在金融科技领域较为知名的企业有京东数科、同盾科技、度小满、商汤科技、芝麻信用、百融金服、TalkingData 等，它们主要涉足大数据、风险识别、人工智能等领域。

金融科技是互联网金融创新的第一驱动力。科技改变未来，而最好的科技就是润物细无声地提升用户的体验，通过背后复杂的算法、逻辑和技术原理，让用户的前端感受越来越顺畅，越来越懂客户的每一次托付。

# ◆ 第 3 章 互联网金融业务

## 3.1 互联网金融业务认知

对于一个互联网金融企业来讲，设定自己的业务目标和业务方向是十分重要的，产品经理每天面对各类业务需求，解决公司实际业务开展中遇到的问题，通过产品和运营的手段，更好地帮助企业成长和找到业务的增长点和突破口。本章主要从信贷业务方向出发，介绍互联网信贷业务的产品设计思路和必备方法论。

### 3.1.1 金融的三大业务：支付、信贷、理财

互相支撑，互相导流

金融业务是十分庞杂的，对于目前国内的互联网金融企业来讲，最常见的核心业务有三类：信贷、理财和支付。每一类业务都需要互联网金融企业取得合法合规的牌照才可以正常开展。从三类业务的耦合关系来看，支付业务属于最底层的支撑性业务，也是目前互联网金融企业的基础业务板块，每家成熟的互联网金融企业，都有自己独立的支付业务部门，负责自家金融业务的资金流转及清结算支持，同时通过银行通道成本的压降来辅助提高盈利水平，提升整体业务的利润率。例如蚂蚁金服、京东金融、度小满、美团金融、滴滴金融等这些互联网金融及金融科技企业，都开展自己的支付业务，内部扶持和支撑自己企业的信贷及理财产品的发展。同时在

目前的市场环境和竞争格局下，支付业务本身的盈利空间和想象空间是极其有限的，也无法支撑一家互联网金融企业的持续扩张和增长。所以，目前主流的互联网金融企业的核心业务会围绕信贷和理财来展开。信贷和理财是双剑业务，在支付业务的上层承担完善企业商业模式和实现经营目标的任务。简单来说，支付是支撑，信贷和理财是主营业务或盈利性较好的业务。

支付、信贷和理财属于不一样的业务类型，针对的客户也有所差异。例如一位客户下载了一家互联网金融企业的 APP 客户端软件，有可能是奔着某款高收益的理财产品而来，有可能是为了参加满 100 元立减 15 元的特价话费充值活动而来，也有可能是为了资金周转来申请借款。平台希望客户尽可能多贡献价值，所以从运营和经营的角度来看，这三类业务是互相导流和交叉营销的关系。如果一位客户的行为路径是先参加了话费充值活动，然后随手购买了一笔活期理财，一周后又参与了信贷免息福利活动并申请完成一笔借款，那么他在平台上就算高价值客户，当然这是比较理想的情况。平台的运营人员会通过差异化的运营手段尽可能引导客户完成相应的动作，鼓励客户多参与平台的活动、使用更多的产品，提高客户的满意度，提升客户服务体验，持续为客户服务。总体而言，支付、信贷、理财业务存在两种关系——支撑和导流，如图 3-1 所示。

图 3-1　支付、信贷、理财业务的关系

### 3.1.2 互联网信贷业务为什么受宠

依法合规的前提下，的确是一门好生意

站在企业的角度来看，衡量一个业务方向的好坏有几个维度：市场规模、成熟规范度、客户需求、盈利性、科技壁垒、人才结构、未来可能性、政策风向等。

从目前公开的信贷和消费金融的行业报告来看，2021 年中国互联网消费金融行业放款规模达到 20.2 万亿元。整个市场有很多的玩家参与其中，传统银行、金融持牌机构和金融科技平台都来这个市场分一杯羹。这是一个万亿元级别的生意并保持相对高速增长的趋势。没有一家独大的竞争格局也让更多的新玩家能够后来居上，在市场中找到差异化入场参与的可能性。除去传统银行外，手握百亿级别信贷余额的企业有很多，同时市场规范度的提升也带来了业务的良性增长，信贷行业经历了多年持续的高速发展，从 2020 年开始，已经逐步进入相对规范的时期，很多不良模式和中小型企业都相继退出这个行业，同时政策对非持牌消费金融机构的约束和限制增多，拥有正规的小额贷款和消费金融等牌照的企业能够更加稳健地完善产品结构和提升客户服务体验。同时，线上业务流程的设计和各种创新的金融科技也有了明显的进步。

各类客户金融需求的释放和受众人群的年轻化也促成了线上信贷业务的高速发展。有相关统计分析称，信贷业务的受众以男性居多，占到六成，同时 34 岁以下人群占到八成，“85 后”成为信贷业务的主力客群。小额资金临时周转、大额消费分期以及小微企业的经营资金需求等都是主要的市场需求。每家企业都有自己倾向的客户范围，通过对客户需求和客户画像的理解抢占一片属于自己的市场。

作为一门生意，盈利性是关键指标，虽然目前受到监管要求的约束，信贷业务综合年化利率控制在 24% 以内，但是仍然存在盈利空间，这就要求每家企业在获客成本管理能力、客户需求理解能力、经营策略设计能力、风险管控能力、客户服务能力、金融科技能力等方面狠下功夫，最大程度地获取目标客户、转化客户并留住客户，不断压降 ROI、逾期率，提升资金机构承接率、业务流程转化率、风控通过率等业务核心指标，实现综合盈利。

互联网金融企业和传统金融企业相比，科技能力和研发能力一直都是核心优势，同时优质人才的储备也是互联网金融企业十分看重的管理战略工作之一。在额度利率趋同、申请流程简便度类似、品牌知名度相当的前提下，谁的科技研发能力和中后台系统平台的数字化智能化水平高，谁的综合实力和竞争力就更强，未来可能性和业务想象空间也就更大。在这样的好时代，积极发展科技能力，重点是在人工智能、大数据挖掘、经营策略分析、数字化系统、数字人、元宇宙等方向发力，并应用互联网信贷业务的全链条触点，赋能金融机构和金融科技平台，提高产品丰富度和客户经营水平，提升客户服务体验，提升运营效率和风险识别管控效率等。金融科技能力的对外输出也是新的盈利模式和增长点。

金融行业一直以来都是强监管的行业，互联网金融也不例外。目前互联网消费金融领域有两类资质需要重点关注，即小额贷款资质和消费金融资质。企业想要进入信贷行业，需要拥有至少一种资质才能依法合规开展对应业务。

小额贷款资质是指由省级金融办公室批准，允许机构从事小额贷款业务的许可证明。许多互联网金融企业注册的小额贷款公司的经营范围会限定在互联网领域，例如深圳市财付通网络金融小额贷款有限公司的经营范围为专营小额贷款业务，经相关部门批准开展互联网小额贷款业务（不得吸收公众存款）。

消费金融资质是指由银监会批准，允许机构从事消费金融业务的许可证明。截止到 2022 年，获批的消费金融公司有 30 家，例如中银消费金融、招联消费金融、兴业消费金融、捷信消费金融、马上消费金融、苏宁消费金融、中邮消费金融等。

从政策层面看，2020 年 11 月 2 日，银保监会、中国人民银行发布《网络小额贷款业务管理暂行办法（征求意见稿）》，受到跨省经营受限、注册资本提高、融资杠杆倍数受限、联合放贷要求提高等限制，网络小额贷款资质的价值有所变化，网络小额贷款公司注册资本须不低于10亿元，且为实缴资本，跨省经营的网络小额贷款公司注册资本须不低于50亿元，且为实缴资本。面对监管政策趋严等多方压力，国内头部金融科技企业已经开始着手通过控股或参股的方式布局消费金融赛道，争取获得消费金融资质，同时对旗下小额贷款公司进行增资。在此背景下，很多企业都希望拥有属于自己的消费金融资质，按照监管要求提前布局业务，有助于规避某些业务发展风险，形成更加合规的资质生态并支撑后续的业务发展。

从业务经营范围和未来业务发展来看，两类资质存在差异性和补位性。拥有小额贷款资质的小额贷款公司可以在特定范围内开展相关贷款业务或申请以互联网方式开展全国性贷款业务；而消费金融资质的业务经营范围有所不同，除了能够在全国范围内发放个人消费贷款外，还包括金融债券、代理销售与消费贷款相关的保险产品等业务。除此以外，消费金融公司不得经营企业贷款和汽车贷款，消费金融公司发放消费贷款的额度上限为20万元，小额贷款公司则可以发放企业贷款，可发放的个人及企业贷款额度上限为30万元。

小额贷款资质和消费金融资质各有优势，互相补充，不能说谁好谁差，同时拥有两类资质肯定是有优势的。

从长远来看，目前的发展态势、市场规模潜力和监管政策方向都是利好整个行业的，踏实做产品、做服务、做体验的企业会越来越多，企业内部也会对客户体验越来越重视。所以，不管是企业还是职场个人，互联网金融是好赛道，互联网信贷、消费金融是其中的推荐方向，可以持续关注和学习。

### 3.1.3　泛金融业务：新的增长阵地

**业务增长可能性和客户诉求多样性背景下的产物**

泛金融是近期出现的一个新词，泛金融业务的出发点还是服务平台的目标客户，为客户提供更丰富的产品和服务。企业通过泛金融业务可以不断加深对客户的理解和洞察，积累多维数据并提升客户活跃度与留存率。站在客户经营和服务的角度，泛金融是在金融业务外的一种延展业务，可称为泛金融服务。目标客户、金融服务与泛金融服务的关系如图 3-2 所示。

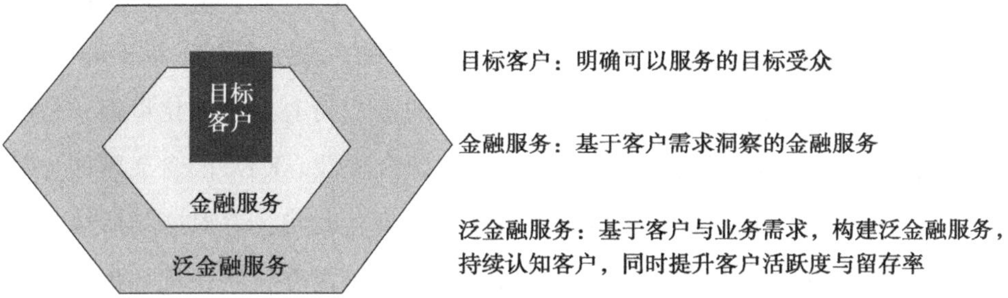


图 3-2　目标客户、金融服务与泛金融服务的关系

在金融服务之外，如何选择适合的客户并能产生高价值和高留存率的泛金融服务呢？选择原则有三条：有实际需求场景；服务有撬动客户使用的可能性；数据对业务有价值贡献。

泛金融服务作为金融主营业务的延展服务，会深入客户的日常生活和工作中，通过特定的产品来解决一个特定的问题，类似工具型产品的定位。比如还款计算器、电子记账本就是泛金融服务的范畴。

站在平台的角度来看，任何产品的开发都是有成本的，如何在主营业务之外，找到一个能拉长客户留存和活跃周期的小工具、小产品和小模块，是需要重点考虑的问题。例如居民燃气费缴费服务，是一个便民常用功能，很有用，但是支付宝已经覆盖了大部分的城市和人群，如果一个新的互联网平台再投入精力开发一个类似的产品就存在很大的问号。全国不同城市的生活缴费 API 接口的商务谈判和接入成本、客户使用习惯的迁移成本、推广成本等，这些都需要权衡，撬动客户迁移到新平台的投入产出比相对较低。

最后一点是数据是否对平台和主营业务有贡献，是否符合业务的诉求。例如记账本就是一个好产品，客户填写的账本内容可以成为客户消费习惯、日常资金花销渠道、是否有信用卡等数据的获取来源。平台在获取客户数据后还需要进行置信度的判断，例如，真实的信用卡还款行为的数据置信度肯定高于客户在记账本记录的信用卡还款记录的置信度。在实际产品设计中，需要通过不断验证和反哺数据来增加对客户的理解。

持续理解客户这件事在金融行业内有一个术语，现在被很多互联网企业所借鉴，用于产品设计和产品增长方法论的沉淀。KYC，即 know your customer（了解你的客户），原始含义是银行对账户持有人的强化审查，是反洗钱用于预防腐败的制度基础，了解资金来源合法性。KYC 的含义延伸为对客户行为、需求、信息等数据的持续洞察和合理化收集，并对产品后续经营产生价值。这里需要强调的是，信息收集的过程是需要合法合规并得到客户许可授权的，这是业务的底线。

在进行泛金融服务设计前，通过客户调研发现，可以撬动客户留存和对客户的日常生活和工作产生帮助的服务有很多，分布在不同的维度和场景。基于个人理解，列举如下，读者可用于开拓思路。

泛金融服务和权益：餐饮券、外卖抵扣券、观影券、电商消费折扣券、机票折扣券、酒店折扣券、高尔夫预约服务、交通出行卡、交通罚款缴费、水电煤缴费、供热供气缴费、有线电视缴费、物业费缴费、健康养生预约及折扣券、KEEP 运动代金券、话费流量充值服务、演出娱乐预订及折扣券、汽车服务预约、汽车车位租赁服务、公积金信息查询、社保卡查询、超市折扣券、机场贵宾厅预约、亲子教育课程预约、互联网阅读视频影音会员服务购买、虚拟代币充值、短视频平台服务充值、快递取件预约、婚庆服务、驾照申领、3C 大额电子产品购买、家庭装修服务预约、农业种植知识课程服务、慈善公益捐赠等。

以上的服务对客户都有使用场景和价值，都能满足客户的特定需求和提升平台的黏性。但是站在互联网金融平台的角度来看，在一定时期内，肯定不是全部都做，需要制定优先级。

结合实际情况和金融业务的关联度，聚焦到金融主营服务的外延，客户需求可以抽象为五个维度，分别是：借、存、管、花、保。“借”可以拓展的方向有不同平台的借款信息比对、还款计划计算，“存”可以拓展的方向有理财知识、存款小窍门，“管”可以拓展的方向有收支管理、记账服务，“花”可以拓展的方向有衣食住行等消费场景，“保”可以拓展的方向有保险知识和保险产品售卖。

基于需求分类继续拆解，可以总结出五种服务：客户资产管理、电商消费、生活服务、工具助手、内容资讯。

我们可以根据服务分类落地具体服务子项品类，目前市面上知名互联网金融平台较为常见和 KYC 效果较好的泛金融服务有：记账本、息费计算器、话费充值、信用卡还款提醒日历、信用卡代扣还款、电商消费折扣返利、汽车加油、水电煤缴费、金融知识及理财保险等新闻资讯等。

产品经理在设计整体泛金融产品架构和泛金融服务生态时，可以结合自身平台客户的实际需求及使用场景，做好前期调研和分析，充分对齐运营团队的经营思路和策略，在核心业务基础上持续洞察新的业务可能性，提升客户留存率及客户满意度口碑，以终为始地做好顶层架构设计。泛金融业务的架构参考案例如图 3-3 所示。

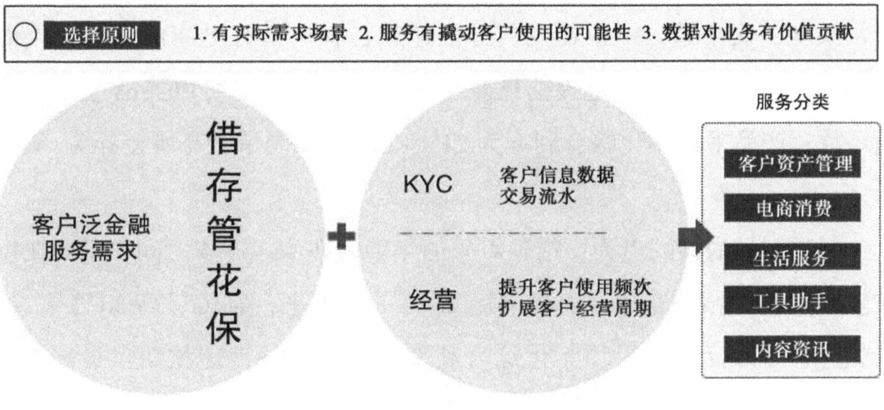


图 3-3　泛金融业务架构设计及思路

# 3.2 消费贷及经营贷

## 3.2.1 消费贷：灵活借还、申请便捷

### 消费贷，拳头性的信贷产品品类

消费贷也称现金贷，不同平台的叫法不一致。现金贷是小额现金贷款业务的简称，是向申请人发放的针对个人消费需求的贷款业务，具有申请便捷、还款方式灵活、实时审批、到账速度快等特点。申请成功后，款项会直接打入客户指定的银行卡，用于个人日常各类消费。

目前常见的现金贷产品有两大类：一是随借随还类产品，二是分期锁期类产品。

随借随还的循环额度产品的特点：在明确具体消费用途后，客户可以在额度有效期内，多次、循环地使用贷款，随借随还，不收取任何提前还款手续费，贷款还清后额度即可释放；产品平均年化综合利率为18%~20%（不同平台有所差异），最高不超过24%。

分期锁期类产品的特点：非真循环额度产品，在明确具体消费用途后，额度一次申请，一次使用，分期还款，客户享有更高额度和更长借款周期，同时，在支付一定提前还款手续费的情况下还可以灵活选择提前全额还款；产品平均年化综合利率为21%~22%（不同平台有所差异），最高不超过24%。

两类产品的共同点为：借款对象的年龄须在18~55岁之间，不向在校大学生提供贷款服务，最高可借额度20万（个别平台宣传最高30万），单笔借款金额500元起，平均年化综合利率不超过24%，还款期限最高36期，多为24期以内，还款方式以等额本息为主，先息后本为辅。实际授信用信还款的客户申请流程高度趋同，在实际产品流程设计中，为了尽量降低客

户的选择和理解成本，这两类产品往往会合并包装为一个产品出现，例如度小满满易贷、腾讯微粒贷、京东金条、蚂蚁借呗、360 借条等。客户在实际申请时，企业会根据综合风控评分给予其不同的还款方式、额度、利率等 Offer 信息。

客户根据实际使用场景和可接受的还款周期情况，自由选择灵活性更高的随借随还类产品或者还款周期相对固定，但利率稍低的分期锁期类产品。

### 3.2.2　企业经营贷：服务小微、赋能经营

#### 企业经营贷，服务客群的未来发展趋势

近几年，国家针对小微企业陆续出台了一系列的扶持政策，互联网金融平台及企业在服务普通 C 端客户的基础上，积极响应国家政策要求，切实履行小贷公司的社会责任，结合公开、政府、征信等多渠道的合规数据，结合自身的信贷业务运营经验，为小微企业提供企业经营类贷款，满足其经营性融资需求。

企业经营贷也称为小微企业贷，面向有融资需求、信用良好的小型企业、微型企业、家庭作坊式企业及个体工商户，产品最高额度为 100 万（部分银行及机构会通过质押等方式调整额度上限），单笔借款金额 1000 元起，平均年化综合利率不超过 24%，还款期限最高为 36 期，还款方式以等额本息为主，先息后本为辅，产品定价严格遵守监管要求。

目前主流的金融机构和金融科技平台都已积极推出自己的小微企业贷产品，采取无抵押的纯线上申请模式，最高额度 30 万元。以陆金所为例，陆金所财报显示，2021 年四季度新增贷款 1516 亿元，其中约 80% 的贷款流向小微企业，并且比例还在持续提升。陆金所控股 2021 年全年管理的借款余额有 78% 的新增借款流向小微企业主。京东金融、度小满等互联网金融科技企业及招商银行等传统银行也对小微客群有所倾斜，利用大数据和人工智能技术，聚焦小微客户，使小微企业降低融资成本，提升良性经营能力。京

东金融的京小贷、度小满的小微企业贷、网商银行的网商贷、微众银行的微业贷、农业银行的复工贷、招商银行的生意贷、建设银行的小微快贷等都是服务小微企业主的信贷产品。

企业经营贷和消费贷在互联网前端流程设计和模块复用性上十分相似，核心差异是风控模型和风控策略、补录补件内容及经营策略的差异性。中后台业务核心系统、经营策略系统、风控系统等底层系统都是可复用的。企业经营贷在风险防范和贷后管理层面会更侧重企业可持续经营能力和偿债能力的判断和分析，结合企业类数据进行相关风控模型的设计和风险评价体系的搭建，提升识别、评估、预防和控制能力，并防止欺诈行为的发生。

小微企业主是业务高价值客户群体，互联网金融企业也在不断探索更多的创新服务来满足小微企业主的融资需求，不断拓展业务边界。除企业经营贷业务以外，供应链金融也是2022年各大互联网金融企业的发力方向，结合互联网企业的技术和数据优势，提供更完整的小微企业的金融解决方案，优化重构小微企业融资方式和流程，为小微企业的高速发展赋能。

## 3.3 场景贷模式

场景贷区别于消费贷及企业经营贷，最大的区别是客户完成借款申请后，贷款资金会通过受托支付的方式直接汇划到服务机构（如教育培训机构）的账号，做到专款专用。场景贷是一种重要的消费信贷产品，根据不同的消费场景衍生出差异化的产品形态。常见的消费贷产品主要有教育贷、健康贷、租房贷等。

### 3.3.1 教育贷：爱学习的人群更优质

**教育贷，场景分期产品的时代红利**

国内的职业教育培训市场是巨大的，对很多有个人技能提升需求的客户来说，培训课程的学费较高，一次性全款支付的压力较大，采取分期支付的方式可以减轻付款压力。通过分期的形式，教育培训机构可以更好地锁定潜在客户，更早地拿到预付学费，所以很多教育培训机构和金融机构合作，由获得小贷资质的金融机构推出教育分期产品来满足这类客户的需求。客户在教育培训机构支付学费时，向小贷公司申请教育分期服务，申请过程中小贷公司会结合客户的大数据信息及风控综合评分，验证客户相关资料及真实身份，评判该客户的风险水平，进而给予该客户相应额度的授信，并以受托支付的方式，将学费支付给客户指定的教育培训机构，客户即可享受相应的培训服务，每月按时偿还贷款即可。常见的教育分期产品为客户提供 3 期、6 期、9 期、12 期、24 期等不同期限的贷款产品，贷款对象为 18~55 岁需要分期付款缴纳培训学费的个人客户。产品定价严格遵守监管要求，平均年化综合利率控制在 24% 以内。客户的消费出发点为个人技能提升，信用资质相对较好，贷后风险相对较低。目前较为常见的教育分期服务合作机构类型主要为学历教育、IT 培训、语言培训、职业技能培训等。

### 3.3.2　健康贷：理性追求美丽人生

#### 健康贷，在逐步规范中寻求新机遇

除了教育培训市场外，健康医疗美容市场也是场景分期中比较大的一块市场，主要涉及的服务内容为美容、口腔、植发等。相关公开报告显示，从 2014 年开始，医疗美容的分期市场规模在 480 亿元，并保持 20% 以上的逐年增长态势。很多爱美人士会选择不同的医美机构。由于医美行业的敏感性，从目前来看，国内市场上还在开展健康贷相关产品的金融机构逐步减少，并对合作机构的资质审查尤为严格，对申请贷款对象的年龄及资质审查严格遵守国家监管要求。从互联网产品设计的角度来看，健康贷和教育贷的申请流程都相对固化，都需要在线下服务机构或线上服务机构平台完成产品

信息了解和消费需求的确认，消费意向确认无误后进行后续贷款申请的操作，保证客户的完整知情权和选择权。

客户的需求总是丰富多样，消费场景也是五花八门，如今，买汽车可以分期付款，上培训班可以分期付款，装修也可以分期付款，甚至购买3C数码产品也可以分期付款。金融依托场景，无论是现金贷还是消费分期，改变着每一个人的生活，在合法合规的前提下，践行普惠金融的理念是互联网金融企业和从业者一直追求的方向。作为互联网金融的产品经理，基于客户需求的洞察，结合自身的金融知识及工作经验，完成产品方案设计并持续改进产品体验是职场的必修课。

## 3.4 信贷产品金融要素定义及流程设计

在了解了信贷产品的几类使用场景和产品模式后，我们开始尝试设计一款信贷产品，一款完整的信贷产品包含两大部分，在实际工作中也是两个独立的部门来负责对应的设计工作，即金融产品设计部门和互联网金融产品设计部门（金融产品特指金融产品中的信贷产品）。简单地说，前者负责定义金融产品的产品实体要素，明确这款金融产品的定价信息和产品基本特性等，在业内也称金融产品实体六要素，同时还负责背后资方的选型对接和交易模式的设计，在传统的银行内部也会有独立的部门负责类似的工作。在明确设计出一款金融信贷产品后，在互联网平台上进行申请，以及客户完成注册，申请授信、用信、还款等每一步的业务流程，界面表达和交互设计就是互联网金融产品部的职责范围了，互联网金融产品部在信息完整披露和信息合规的前提下，最大化地提升客户体验和达成各项客户行为指标及业务指标。

在互联网金融企业内，金融产品设计部门的同事主要来自传统金融机构，熟知信贷产品的底层业务逻辑，互联网金融产品设计部门的同事擅长互联网产品流程设计和体验把控，二者彼此配合、知识互通，协同完成一款互联网金融产品的发布。

### 3.4.1　信贷产品金融实体六要素和交易模式

信贷业务中无处不在的必备知识点

信贷产品金融实体六要素是信贷业务从业者必须了解的知识点，虽然我们在工作中不一定负责具体的要素实体设计，但是在日常项目推进和跨系统协同过程中经常提及该知识点，有所认知可以提高沟通效率和知识专业度。

信贷产品金融实体六要素为贷款对象、贷款用途 / 支用方式、贷款金额、贷款价格、贷款周期、还款方式及规则，叠加一个交易模式，共同组成“6+N”信贷产品金融实体的完整定义框架，如图 3-4 所示。

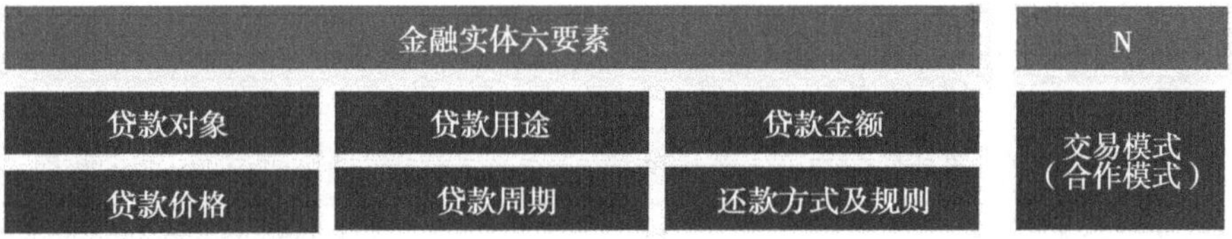


图 3-4　“6+N”信贷产品金融实体定义框架

#### 1. 信贷产品金融实体六要素

（1）贷款对象

贷款对象指贷款申请的自然人，也叫借款主体，每个信贷产品对贷款对象都有明确的范围和侧重，没有一款产品可以覆盖 100% 的借款人和满足 100% 的借贷诉求。例如银行的信贷产品主要服务高价值的优质客群，更偏好于有信用卡、有固定资产的客群，此类客户在客群分层里划为 A 类或 A+ 类客群。微粒贷、蚂蚁借呗这类产品也聚焦服务优质客群这个层面，但同时会覆盖银行所未覆盖的客户，360 金融则偏好服务 B、C、D 类客户，微粒贷则偏好服务 A、B 类及小微属性的客户。以上提及的产品及公司的客群策略只适用于一定周期范围，仅供参考。贷款对象还会因资金方合作机构对整体客户的风险及定价容忍度不同而有所调整，故信贷产品设计时会对申请客户进行多维度评价，并进行精细化的分类，可根据合作机构对客户风险、定价等维度的量化要求进行目标人群定制化推送。可服务客户会根据公司的发展不断地调整迭代，核心目标是差异化获客和服务自己最懂的客户，实现利润最大化和风险压降可控的平衡。

对贷款对象的要求在信贷产品的产品大纲中都有明确的细化拆解，可分为年龄、征信属性、行业限制、经营资质要求、其他要求项。以上为硬指标，在设计信贷产品时都要明确界定，除此以外，还会根据风控模型进行通过或拒绝的实时决策。

一般情况下，现金贷产品的要求为年龄 18~55 岁、非学生群体、非征信白户、非无收入人群、无负面信息等，具体判断依据依赖自有风控模型和内外部数据源的识别，如表 3-1 所示。

表 3-1　贷款对象示例

| | |
|---|---|
| 1. 年龄 | 18~55 岁 |
| 2. 申请人 | 非征信白户 |
| 3. 经营资质要求 | 无 |
| 4. 其他限制 | 无负面信息，非无收入人群 |

（2）贷款用途

现金贷在申请的时候需要明确用途，这是合规的要求，此信息会在客户授信过程中进行填写，一般为单选选择框，选择内容会影响后续风控决策。

贷款用途一般为：个人日常消费、房屋装修、度假旅游、购买大额消费品、教育支出、健康支出、其他等。不同平台的表述会稍有差异，但是都有客户自主选择的过程，如图 3-5 所示。

图 3-5　贷款用途选择界面示例

（3）贷款金额

贷款金额要素是客户最为关心的产品要素，具体包括授信额度最大值和单笔借据的借款下限、额度支用和释放方式等。

额度区间为授信可以给到的额度上下限，现金贷的普遍最高额度为 20 万元，实际获批额度因人而异，可以足额拿到 20 万元的客户相对较少，排除特殊情况的前提下，简单来说，A+ 类客群可以拿到 15 万元以上的授信额度。

单笔用信下限也称为最小借据单位，是指单次借款时最少借款金额，一般为 500 元起借。平均额度指产品已服务客户的平均额度，每家产品的平均值不尽相同，一般以万元为单位进行表述，例如 2 万元。在确定了额度后，还需要选择借款期数，如借 1 个月。

额度支用方式也是客户很关心的，客户使用现金贷产品会有两类诉求：一类是临时周转，本身还款能力充足，借几天就可以还上，这类客户喜欢随借随还的产品，按日计息；另外一类是长期使用，需要额度较大，比如借 15 万元，借 24 期，还款压力会比较小，这类人更关注额度，对随借随还的还款方式敏感度较弱。

所以不同的客群对不同要素的敏感度和诉求点都不一样，这些属于差异化客群经营策略，要针对不同客群宣传不同的产品特性。

额度释放方式一般分为结清释放和还款释放，区别在于用信可用额度是在贷款全部结清后才恢复，还是在部分还款后就可以恢复。这个信息属于底层配置项，一般不会在宣传主页面进行强调说明。

客户拿到的授信额度是有有效期的，如果拿到授信额度后一直不用信，授信额度就会过期，因为在一定周期内，客户的征信数据、经济情况及还款能力都存在变化的可能性，额度需要重新评估，评估的过程会涉及征信的重新查询和其他数据源的复查，根据经验，一般情况下有效期为 30 天。重新评估后给出的 Offer 可能会变好，也有可能会降额度或者提升利率，甚至被拒绝。

表 3-2　贷款金额示例

| | |
|---|---|
| 额度区间 | 500 元 ~20 万元 |
| 单笔用信下限 | 500 元（最小借据单位） |
| 平均额度 | 2 万元 |
| 额度支用方式 | 随借随还、循环使用 |
| 额度释放方式 | 结清释放、还款释放 |
| 额度有效期 | 30 天 |

（4）贷款价格

贷款价格指借款后需要付出的息罚费的成本。

客户借款后，除了需要归还本金，还需要付出对应的利息①、罚息和提前还款违约金等。在产品宣传页面经常看到息费和利息的字样，严格意义上，"息费"的说法较为严谨，因为客户在后期还款时除了支付利息外，还可能会根据实际情况缴纳一定比例的其他费用，而这些付出的成本不能超过年化利率 24% 的红线。

定价因子指需要付出的借款成本，一般包含利息、罚息、提前还款违约金等。罚息一般是因为逾期等情况产生的费用。随借随还的产品本质上是支持提前还款和结清的，所以一般没有提前还款违约金；如果明确告知有锁期约束，例如必须借满一期后才可以还款，则客户在一期内提前还款时需要支付一定比例的还款违约金。

定价区间一般为年化利率②的定价区间，会包含最低和最高两个价格，市面上的信贷产品最低宣传年化利率为 7.2%，最高为 24%。特殊群体例如小微企业主可以申请更低的利率，如日利率 0.01%，也就是年化利率 3.6%，

① 利息是指借贷关系中借入方（客户）支付给贷出方（平台）的报酬。通俗来说，利息是金融平台的重要利润来源，利息和利率成正比。利息 = 本金 × 利率 × 时间。

② 利率是指借贷期满所形成的利息额和所贷出的本金额的比率，通俗来说，就是一定期限内利息与本金的比例，通常用百分比表示，按年计算就是年利率（年化利率），按月计算就是月利率。

这是十分低的利率了，一般是金融平台主动补贴和促销的行为，主要针对白名单客户，乐信的小店烟火计划、度小满的小微加油站都是类似的产品，只针对优质的小微企业主开放申请。普遍来看，一款信贷产品的综合大盘平均年化利率为 18%~20%。年化利率可以换算成日利率，简单的换算公式为：年利率 = 日利率 ×365，日利率 = 年利率 ÷365。例如借款 10000 元，年化利率 7.2%，换算为日利率就是 0.02%，在按日计息、随借随还，并没有其他费用和逾期的情况下，10000 元借一天，利息是 2 元。

息费计算模式分为按日计息、按期计息，是根据本金计算利息的规则，原则为利（息）随本清。这里用按日计息举例，按期还款时，当期利息 =（当期）期初本金 × 日利率 × 当期天数。总结来看，按日计息最为灵活，按固定月份或固定期数的计息模式利率相对更低，灵活性较差，如果提前还款需要支付提前还款违约金，客户可以根据自己的实际用款情况自行选择。

实际产品设计中，还需要注意息费减免和冲销的逻辑设计，主要用于特殊情况和非严格利息计算口径造成的客户付出息费超过 24% 红线、发生退款及主动给予息费减免等应用场景，提前做好相关兜底方案。

罚息一般为日利率的 1.5 倍。随借随还产品不收取提前还款违约金，固定期限和锁期产品会收取提前还款违约金，例如锁期锁 3 期的产品，如果客户在放款后 3 期（90 天）内提前结清，按照提前归还贷款的剩余本金的 2.5% 收取提前还款违约金，这些细则在进行借款试算时，页面会给予明示。

放款申请日和确认日也是贷款价格要素里的一部分，放款申请日为客户申请借款用信的日期；放款确认日为客户借款资金实际到账日期，以此日期开始起息。正常情况都是实时放款，客户用信成功后就会实时打款到客户的绑定银行卡。在设计产品时需要明确起息日以哪个为准。

这里额外提一下定价逻辑里面的细化分层逻辑，前面提到风控会针对不同的客群给出评分和分层结果，将客户分为 A+、A、B、C、D、E 等不同层级，对应额度和定价也是不同的，这就是风险定价的实际应用。越优质的客户，额度越高，利率越低。这个定价逻辑会根据客户的风险表现、公司的整体经验情况和风控模型迭代调整，最开始进行信贷产品设计时会给出建议框架，并不是一成不变的。

关于页面信息展示需要额外注意一点，根据 2022 年最新监管要求，信贷产品在页面展示日利率和年利率时，两种利率信息需要同时展示，并优先展示年利率信息，可理解为在前后顺序和字形粗细大小等表达层面更强化年利率信息的表达。

表 3-3　贷款价格示例

| | |
|---|---|
| 定价因子 | 利息、罚息、提前还款违约金等 |
| 定价区间 | 7.2%~24%（年化利率） |
| 日利率 | 0.02%~0.067% |
| 息费计算模式 | 按日计息、按月计息、按期收费 |
| 罚息 | 日利率 1.5 倍 |
| 提前还款违约金 | 无（锁期产品可能存在违约金） |
| 放款申请日 | 客户申请借款用信的日期 |
| 放款确认日 | 客户借款资金实际到账日期，以此日期开始起息 |

（5）贷款周期

贷款周期是指信贷产品支持的可支用期限，也可以理解为从客户签订借款合同之日起，到全部还清借款本息之日止的时间周期。贷款周期、借款金额、借款利率、还款方式形成客户最关心的决策点，决定客户是否选择你的产品。

常见的期限有 3 期、6 期、12 期、24 期，部分产品可以做到 36 期，每期为一个自然月。期限越长，对风控的要求越高，后期风险也相对越高。所以敢做 24 期以上的产品需要有足够的资金实力及风控自信度，以及需要资金合作机构给予配合。同时期限也和借款额度有关系，如果只借了 1000 元，再分 36 期还，整体考虑每期还款压力和客户的利息成本，实际使用场景极少。

期数是客户在可选范围内主动选择的，借得越久，利息越多，但是平台又担心客户的还款情况，金额太大又不愿意让客户借得太久，所以这是一个动态平衡的过程。期数是一个动态变量，会存在同一平台有人可以选择 36 期，有人只能选择 12 期以内，综合来看，平均借款期数为 4 期。

客户在约定贷款期间发生暂时的资金周转困难，不能按期偿还贷款本金，产生逾期风险，在符合展期条件后，可以向平台或金融机构申请展期，也就是延长贷款的还款周期。比如展期 2 期就是再借两个月，短期贷款展期不得超过原贷款期限。展期不会体现在征信报告的不良记录内，不会以逾期贷款或者不良贷款上报，展期期限内结清须还款即可。

**表 3-4　贷款周期示例**

| | |
|---|---|
| 期数类型 | 日、月、年 |
| 期限周期 | 3/6/12/24 期，Avg.4 期 |
| 展期 | 支持展期申请 |

（6）还款方式及规则

还款方式及规则包含还款规则、还款方式、宽限日规则、扣款方式等部分。

还款方式及规则和贷款价格关联度很高，需要一起考虑设计，利率的计算口径和还款方式的不同对最终利息的金额计算影响较大。同时，不同利率计算口径也存在展示口径和真实口径的不同，也就是我们常说的 APR① 和 IRR② 口径。目前，大部分的合规机构都已经采用了更能反映借款实际利率

① APR，名义利率，以往很多小贷公司、消费金融公司、现金贷平台都喜欢用这个口径进行产品宣传，采用利息 / 本金的 APR 算法，计算出的利率利息看着很低，但对于分期还款，本金是随每月还款金额而减少的，采用 IRR 计算利率才能反映借款人的真实借款成本。

② IRR 是严格的计算口径，目前互联网金融平台及银行都需要按照这个口径进行利率计算和展示，体现合规和审慎原则。2020 年 8 月 20 日，最高人民法院新修订了《关于审理民间借贷案件适用法律若干问题的规定》，将民间借贷利率司法保护上限定为 1 年期贷款市场报价利率（LPR）的 4 倍。

的 IRR 计算口径。2021 年是合规年，各大金融平台都在进行各种合规整改，积极应对国家的监管要求。

常见的还款方式包括：先息后本、等额本息和等额本金。

先息后本是指每月支付利息，到期后归还本金，这种还款方式在现金贷产品里只针对优质客户开放，并不是普适性的。此还款方式适合现金流压力较大，先还利息，在一定时间后有大笔资金进账时再归还本金的情况。先息后本的计算公式如下：

当期利息 = 期初本金 × 日利率 × 当期天数

当期应还本金 =0

每月还款利息 = 贷款本金 × 月利率

总还款利率 = 贷款本金 × 月利率 × 还款月数

等额本息是指在贷款期内每月按相等的金额偿还贷款本息，其中利息逐月递减，本金逐月递增。这是现金贷最为常见的还款方式，特点是每月的还款额相等，较好理解。因此，在贷款初期的每月还款中，剔除按月结清的利息后，所还的贷款本金比较少；在贷款末期每月的还款中，剔除按月结清的利息后，所还的贷款本金较多。等额本息的计算公式如下：

当期利息 = 期初本金 × 日利率 × 当期天数

当期应还本息 = 借款金额 × 日利率 ×30×（1+日利率 ×30）^借款期数 ÷［(1+日利率 ×30)^借款期数 −1］

等额本金是指在贷款期内每月偿还同等数额的本金和剩余贷款在该月所产生的利息。其特点是，每期所还本金相等，利息逐月减少（根据剩余未还本金计算），总还款额逐月递减。等额本金是住房贷款的两种常见还款方式之一，等额本金的计算公式如下：

当期利息 = 期初本金 × 日利率 × 当期天数

每月还款本息 =（贷款本金 ÷ 还款月数）+（贷款本金 – 已还本金）× 月利率

总还款利息 = 贷款本金 × 月利率 ×（还款月数 +1）÷ 2

图 3-6 为三种还款方式的图示，从中可以清晰地看到本金和利息的占比关系。

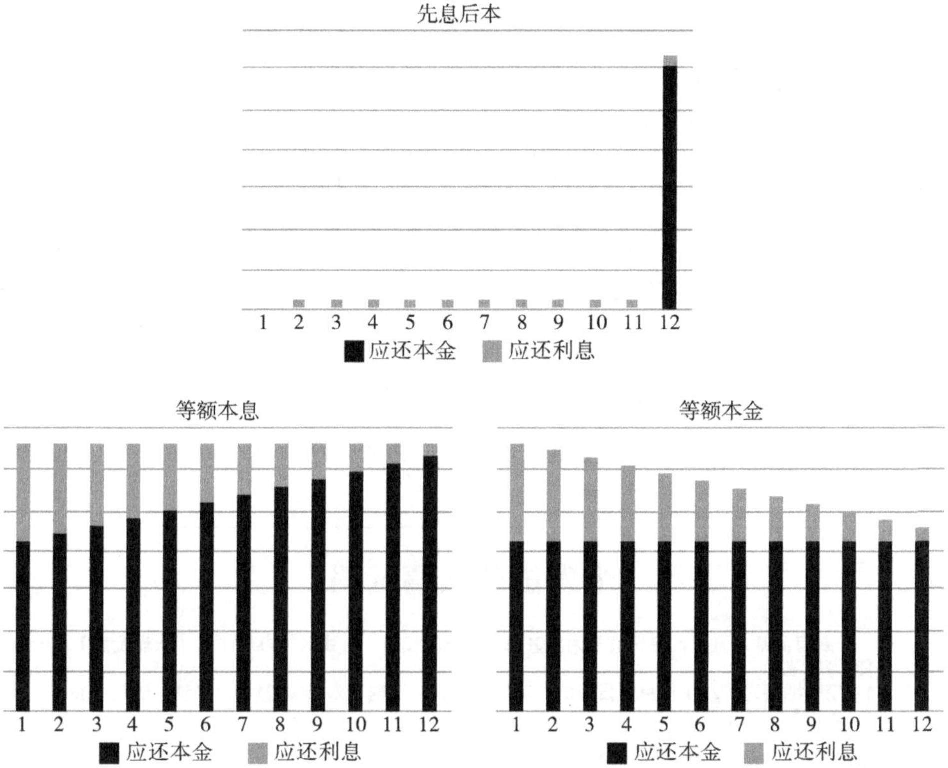


图 3-6　三种还款方式图示

宽限日规则，一笔借据到达还款日期后，如果还没还，则会发生逾期并上报征信，一般在产品设计时会预留 3 天的宽限期，主要是解决一些客户因临时特殊情况而出现的非恶意欠款问题，3 天内还款则视为正常还款，不上报征信。银行信用卡也有类似的宽限期。超过宽限期还款的，将按实际违约天数（含宽限期天数）计收罚息。不过需要注意的是，这个宽限期的政策一般不对外宣传，可以包装成针对优质客户的福利政策。金融平台和金融机构还是鼓励客户按期还款。

还款规则主要包括：一般还款、提前部分还款、提前结清、结清。一般还款，指正常还款行为，计息时点从上个还款日到实际还款日前一天。提前部分还款，在约定还款日前进行的还款行为，计息时点从上个还款日到实际还款日前一天，剩余本金摊到剩余期数，下一期重新计算还款本金和利息。对于按日计息的产品很多客户会选择提前还款，以减少利息支出，同时并不会被收取提前还款违约金。如果是按期计息或者锁期产品，则不推荐提前还款和提前结清，否则会被收取提前还款违约金。提前结清，在约定还款期限内提前全部结清，完成还款履约。这种结清方式根据计息规则的不同会存在两种情况——按日计息[①]和按期计息[②]，可能会被收取提前还款违约金。结清，在约定还款期限内全部结清。结清后可以申请开具结清证明，目前互联网金融平台都提供电子结清证明的开具。一般申请入口在对应平台的 APP 客户端的个人中心内，也可以联系平台客服线下获取。申请开具后会发送到客户指定的电子邮箱，格式为 PDF 文件。图 3-7 为结清证明样例。

**个人贷款结清证明**

兹有借款人张三，身份证号为150102198808081234，在我公司办理了【个人现金贷】贷款共1笔：

1. 借款期限为2021年11月17日至2022年11月17日，借据号为160092103612651，借款金额人民币壹万元整。

借款人已全部结清上述借款，余额为0.00元，特此证明！

重庆XXX小额贷款有限公司
2022年12月25日

图 3-7　结清证明样例

① 按日计息：可提前全部结清，提前结清时免收提前还款违约金，计息时点从上个还款日到实际还款日前一天。

② 按期计息：可提前全部结清，提前结清时会被收取提前还款违约金，计息时点从上期还款日到当期还款日，按剩余本金收取一定的违约费用。

扣款方式：客户在互联网平台进行线上现金贷产品申请时，从开始授信到完成还款都在线上完成；在申请还款时可以选择主动手动方式还款，每月自行登录平台完成还款操作；也可以开通授权代扣，客户完成代扣协议的线上签署后，每月平台会自动从客户绑定的银行卡内完成代扣，避免了客户因为遗忘还款而产生的逾期风险。平台也鼓励客户开通授权代扣，提高按时还款的比例。

代扣规则会在还款日进行两次代扣，08:00 执行一次代扣，20:00 执行一次代扣。如果是逾期代扣，会增加代扣频次，根据代扣规则设定，可以在午夜 12 点代扣一次或选择其他时间段再次发起代扣，核心目标是提高回款率和代扣成功率。

正常代扣成功和失败都会发送 Push 和短信通知客户。逾期代扣失败不会发送 Push 和短信通知客户，凌晨时段是不能给客户发 Push 和短信的，可以设计延后发送逻辑。差异化通知策略可以通过业务通知平台或短信平台进行配置。客户在还款过程中，会出现一些异常情况，比如扣款通道异常等系统原因造成多次重复扣款，这种情况就会涉及溢缴款的逻辑，需要把多扣的款项退给客户。

除此以外，还款相关要素中还包含还款日的概念，通常情况下，以客户首次借款的申请日作为借据的每期还款日。若首次借款申请日是某月的 29 日、30 日或 31 日，则还款日统一调整为 23 日。以后该客户的所有借据的还款日同首次还款日一致。

如果客户有多笔借据，还会存在合并还款的情况，冲销规则为先冲逾期、再冲当期、再冲未来期。除本金外，定价系统会配置 8 项息费，包含：利息、罚息、提前还款违约金、分期计划变更服务费、分期手续费、账号管理费、逾期费、退款违约金。不同平台稍有差异，不一定全部启用收取。

借款人偿还的资金一般情况下会按照一个固定顺序清偿，主要分为正常清偿和逾期超 90 天的清偿。也就是说借款人还款的资金会按照顺序先还某某部分再还某某部分。这些细则在借款协议中都有明确说明，借款时可以重点关注。

正常清偿顺序：利息、罚息、提前还款违约金（如有）、本金、其他款项。

逾期 90 天清偿顺序：本金、提前还款违约金（如有）、利息、罚息、其他款项。

每一笔借据都会生成还款计划表，根据还款方式和定价规则等产品要素综合计算得出每期的应还本金、利息、费用等金额，此信息在未借款时的用信试算页就可以看到，借款后同样可以随时查看，做到信息透明，如图 3-8 所示。

图 3-8　还款计划表示例

还款计划示例如表 3-5 所示。

**表 3-5　还款计划示例**

| | |
|---|---|
| 还款方式 | 先息后本 / 等额本息 |
| 宽限日规则 | 3 天（不对外展示） |
| 还款规则 | 一般还款 / 提前部分还款 / 提前结清 / 结清 |
| 扣款方式 | 主动还款扣款 / 授权代扣 |
| 合并还款 | 支持 |
| 还款计划表 | 支持 |

### 2. 信贷产品金融交易模式

这里提到的交易模式是一个统称，在系统设计时会包含几个部分，更多的是对应底层的资金方、征信查报、催收机构等。

从分工角度来看，金融产品部主要负责底层逻辑设计，互联网产品部负责前端客户表达。

合作模式主要有自营模式、联合贷模式、助贷模式、导流模式。

不同模式涉及的资金出资比例和方式不同。自营模式指放贷资金全部由自己承担，风险也 100% 自担。由于自营模式受制于资金规模、长期发展瓶颈等客观因素，纯靠自营模式开展信贷业务的平台会越来越少，互联网金融平台更多的是以金融科技的角色出现，平台提供获客能力和科技能力，银行提供资金，联合放贷，这就是常见的联合贷和助贷模式。从 2022 年 1 月 1 日开始，新发生业务执行银保监会发布的《关于进一步规范商业银行互联网贷款业务的通知》要求，合作平台方需要出资不低于 30%，商业银行与平台风险共担，允许存量业务自然结清。

同时还有新合规背景下的 0∶100 助贷模式，由合作银行直接放款，征信查报由合作银行发起，账务以银行为准，同时需要客户在对应银行开通二类户用于后续放款和还款。在用信成功后，银行会先放款到二类户，然后再秒级提现到一类户。开通二类户分为静默开户和强感知主动开户两种模式。开户的过程都需要客户阅读知晓并签署银行方的相关开户协议，银行方提供协议并完成电子协议的签署动作。在开户过程中，还需要进行人脸活体识别以核身验证，部分银行还需要额外补充客户的工作单位信息。根据银行要求的不同，开户的流程可以在授信过程中插入或者在授信成功后进行，在系统层面会包含电子签章和协议传递签署等产品流程设计细节。还款则由银行从客户的一类户中批扣，如果一类户资金余额不够，自动去二类户扣，一般情况下不需要客户主动把钱充到二类户中。

### 知识小贴士：一类户、二类户、三类户的区别

银行一类账户属于全功能账户，可进行存款、取款、转账、消费、购买理财产品等多种活动。我们手上拿着的银行卡实体卡就是一类户。目前规定，同一个自然人在同一家银行只能开设一个一类户。

银行二类账户可以在线下网点柜台、银行 APP 客户端或者通过其他线上电子渠道开通，开通后会得到一个二类户的卡号，可以选择实体卡或电子账户，用户可以往里面转账、存钱和购买理财产品等。银行二类账户限额一般

为单日限额1万元，每年限额20万元。二类户会绑定到一个一类户下面，二类户和一类户之间转账是实时到账并没有限额的。二类户如果没有实体卡，则不能取现，只能转账或者把钱转到一类户后进行取现。合规助贷模式下，银行会先给客户开通一个二类户的账号，然后把钱先打到二类户再转账给绑定的一类户中，供客户正常取现和使用。

银行三类账户，是权限最小的，只能办理限额消费和小额缴费，随用随充，没有实体卡。银行三类账户余额不能超过1000元，单日限额5000元，年累计不能超过10万元。日限额达到后可以在第二天继续使用。

简单总结如下：

一类户是传统意义上的银行卡，功能是最全的，对安全验证的要求也最高，可以定位为“个人的总金库”；

二类户定位为“个人理财账户或日常钱包”，主要用于线上消费和金融业务办理，如购买理财产品、信贷资金放款等，因为资金和一类户是隔离的，使用上会更安全；

三类户定位为“零钱袋”，小额消费场景可以使用。

---

助贷模式中涉及的合作银行的差异性较大，需要根据监管政策和合作银行的产品现状进行差异化合作方案设计。在这样的大背景下，未来大品牌、重合规、强科技的平台会更易生存。

除此以外，还有一些平台专注做导流模式。平台自己不直接放款，只负责获客，将客户引入合作平台或合作银行的信贷产品进行申请，平台按照约定比例分润，客诉和催收也由合作方负责。导流模式也称为贷超（贷款超市）模式。

就综合金融平台而言，自营模式、联合贷模式、助贷模式和导流模式会同时涉及。

导流模式只是消化不可经营客户的一种手段而已，较为优质的可经营客户会优先被自营、联合贷及助贷模式承接，自身风控策略无法承接的次分层客户或消化不了的尾量客户会分发给导流合作产品承接，依赖流量合作分发策略和 F 端分发策略的支持，最终目标为实现客户经营周期和客户价值最大化。

为了方便理解，这里列举两类常见使用场景。

典型场景一，用信审批时，发现客户 A 没有合适的机构承接，则会反馈用信失败结果并给出其他合作方的信贷产品引导入口。除了用信被拒的场景外，授信被拒的客户也会被推荐给贷款超市进行承接。

典型场景二，根据平台的风控策略和客群经营筛选策略，针对不可经营类客户，在平台首页直接外露贷款超市模块，罗列全部的合作方的产品清单，明示合作方的品牌名称和相关资质，通过“优质合作机构优选推荐”的方式进行导流服务。

导流模式除了可以丰富产品形态、提升客户满意度和服务承接率外，还可以积累客户的相关行为表现数据。这里额外说明一点，如果后期发现分发给贷款超市的客户行为表现较好，平台还会考虑进行回捞，把客户再召唤回自己的地盘。

导流模式从技术合作方式来看，可分为 H5 方式和 API 接口方式。H5 方式，即在平台内设计独立展示列表页面引导到合作方的 H5 页面或者引导下载合作方的自有 APP 客户端，由于不同合作方的交互流程、页面配色等元素的差异性较大，客户的流程跳出感比较明显，客户体验相对较为割裂。此方式按照 CPC（UV 单价）或 CPA（纯注册进件或授信成功）进行单笔结算。API 接口方式，需要平台提供统一标准的 API 合作接口和接口文档，合作方按照接口文档进行对接开发，用户申请流程在平台内完成闭环，客户体验相对一致。此方式按照 CPA（授信成功）和 CPS（首笔或多笔放款金额）进行单笔结算。两种合作方式都需要通过约定的结算平台进行对账，一般为月结或预付居多。

从征信查报模式来看，一份客户的借款合同可能会对应多个放款主体，而征信的查报会约定为一种方式，不会多次重复查报。征信查报一般分为平台查报、机构查报和联合查报。

金融产品的底层产品设计较为复杂，涉及大量的专业用语和数学公式，其中还有一些细节可能涵盖不全，还需要大家在实际工作中不断补充，尤其是额度和定价部分，还存在固定和临时的概念。前面提到的都是固定额度和固定利率，在客户经营的过程中，为了更好地吸引客户，通过调额调价的方式给予客户额外的惊喜，会引入临时额度和临时利率等概念，同时还会基于客户需求分析通过发放免息券、运营活动提额、发放还款利息折扣券等经营手段刺激客户多次用信，提升客户黏性和口碑。

下面我们从互联网产品前端客户感知的维度，来看如何设计授信、用信、还款、召回四个阶段的通用信贷服务流程，以及对应界面元素。此部分相对直观，可以结合有关六要素的知识理解。

这里需要强调的是，本章节所列的流程和页面参考市面上公开可访问的互联网信贷产品资料，相关界面及内容已做脱敏处理，通过页面图例搭配业务知识点的方式进行内容的重新梳理，可以让大家对核心流程和重点知识点快速建立全局认知，在实际工作中根据公司的具体产品流程和步骤举一反三。

图 3-9 是信贷业务的客户申请全旅程，每一个环节都对应一套页面。

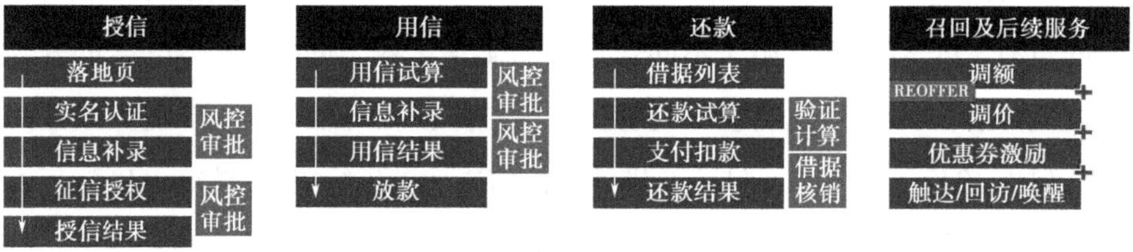


图 3-9　信贷业务的客户申请全旅程

## 3.4.2　授信流程设计：建立信任，完成转化

看似简单的页面，背后有很多思考

授信核心流程分为：落地页、实名认证、信息补录和征信授权、授信结果。

授信核心状态分为未授信（未申请）、实名认证中、实名认证成功、实名认证失败、授信补录中、授信审核中、已授信、授信成功、授信失败、授信过期、授信失效等。

**1. 落地页**

客户在接触一款产品时，看到的第一个宣传页面十分重要，是好感培养和需求匹配的关键，好比我们线下接触一家培训机构，宣传彩页和课程海报的展示就是客户转化的第一步。对于金融产品来说，客户与产品的第一次连接会更加复杂，洞察客户的心智和预期，让客户建立信任感，完成注册登录并进入下一步是这个页面需要完成的 KPI。

首先，此页需要完成几个核心元素的露出：公司品牌 LOGO 和相关背书是第一层级，如 ×× 金融、大品牌、正规持牌机构等；第二层级是产品要素的展示。信贷产品最重要的三个要素是额度、利率、还款规则，这是客户的关键决策点。任何信贷产品都离不开这三个要素，它们是差异化竞争的法宝。前面提到过，在设计信贷产品时，首先就会明确产品的金额、定价、周期、还款规则等。这里需要将最关键的信息展示给客户，额度一般会展示最高额度，也可以展示一个区间如“500~200000 元”，利率会展示最低年化利率，同时可配合日利率和快速换算结果，便于客户理解。

例如：最低年化利率 7.2%，日利率 0.02%，10000 元借一天利息 2 元。

其次，此页会展示还款规则和还款周期等信息，很多客户使用现金贷时希望借还灵活，短期周转后就可以随时还款，所以随借随还、放款快都是现金贷产品宣传的亮点。这里的用词会比较严谨，会经过合规确认，根据实际情况进行展示。如果你的产品不支持随借随还，是分期锁期的产品，那么这里就不能写随借随还了，可以从其他角度表达产品亮点。

讲完品牌背书和产品特性后，落地页需要支持用户完成注册和登录行为，目前大部分的产品都是手机号码注册和登录，这里需要注意一个细节，注册和登录的触发按钮文案并不是“注册”或“登录”，而是“查看我的额度”，某些平台会展示“看看我能借多少”。这会给客户一个后续流程预期的铺垫，是一个高转化率的成功案例，可以参考使用。同时，相关协议的签署是必须要强化表达的，甚至需要客户主动勾选后才可以进入下一步，这是合规的要求。

除此以外，落地页中还可以考虑放置申请步骤的预告区，品牌故事、银行合作关系等信息，全部都是为了增强信任感和提升业务转化率。

最后，页面底部一定记得放置相关的说明信息、风险提醒、资金来源等合规信息，这里给出一个标准案例，大家设计时可以参考。

- 贷款额度、利率、期限，放款时间、还款方式等，以实际审批结果为准
- 贷款有风险，借款须谨慎，请根据个人能力合理贷款、理性消费，避免逾期
- 在发放贷款前不会收取任何费用
- 工作人员不会使用个人手机号、微信、QQ 等非官方渠道联系客户
- 如遇可疑情况，请拨打官方客服电话 ×××××× 获得帮助
- 资金来源：×× 小额贷款有限公司，×× 银行
- 京 ICP 证：12345678 号

各家的落地页内容没有一模一样的，但是核心的内容都是类似的，同时目前各大金融平台都会针对不同客群和渠道投放有针对性的落地页，页面元素的排布和表达优先级都会差异化展示，在我经手的落地页产品设计项目中，半年时间里针对不同渠道和客群试验了上百款落地页样式和布局方案，最终总结了一些提升转化率的经验。后续章节会详细介绍落地页的差异化设计和小流量试验框架。落地页案例如图 3-10 所示。

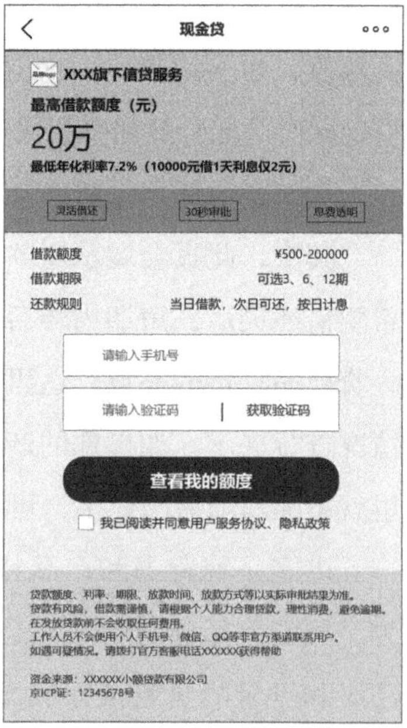


图 3-10 信贷落地页示例

## 2. 实名认证

客户在落地页完成注册或登录后，点击

“查看我的额度”后就正式进入了授信的流程，首先需要完成的是实名信息认证，也称为实名认证。这一步重点对客户的自然人身份进行识别，需要完成四要素的信息填写，实名四要素为：姓名、身份证号、银行卡号、银行预留手机号码。输入后将信息送入银行的鉴权服务进行真实身份比对验证，验证“你就是你”。验证通过后，这个账号的实名信息就固定了，后续的信贷服务和银行卡的添加等行为都需要和实名信息保持一致，例如实名为张三，身份证号为 150102190001011234，后续的新银行卡绑定都只能绑定同一个人的银行卡。

同时，完成实名认证的过程也是银行卡绑定的过程，会完成对应银行卡的快捷支付协议的签署，后续还款就可以使用这张卡来完成，这张银行卡也可以在此平台进行其他业务的支付和相关消费行为。在实际应用场景中，大部分情况都需要完整填入四要素，部分银行卡支持三要素鉴权和无须输入卡号的快捷绑卡。部分平台会在此流程增加身份证照片的上传功能，同步收集客户的身份证照片。

实名认证的过程中同样需要客户知晓并同意相关协议，如果涉及绑卡流程，则一般为快捷支付协议和信息收集使用规则相关协议，允许相关个人信息在知情和合理的范围使用。这个页面属于支付和账号体系，信贷业务在使用时与公司的支付及账号部门配合完成即可，无须重新搭建实名模块，实名验证页面如图 3-11 所示。这里补充说明一点，实名认证的流程也可以不让用户输入银行卡卡号，采取三要素或二要素模式进行实名认证，通过补充人脸活体验证等手段进行核身。

图 3-11　实名认证页面示例

填写并验证无误后，平台会继续验证银

行预留手机号码，客户填入短信验证码进行授权，同时需要客户设置平台的支付密码，密码一般为 6 位数字，支付密码在后续的用信流程、还款流程等重要环节以及使用平台其他服务时都会使用，如图 3-12 和图 3-13 所示。

图 3-12　银行预留手机号码短信验证页面示例

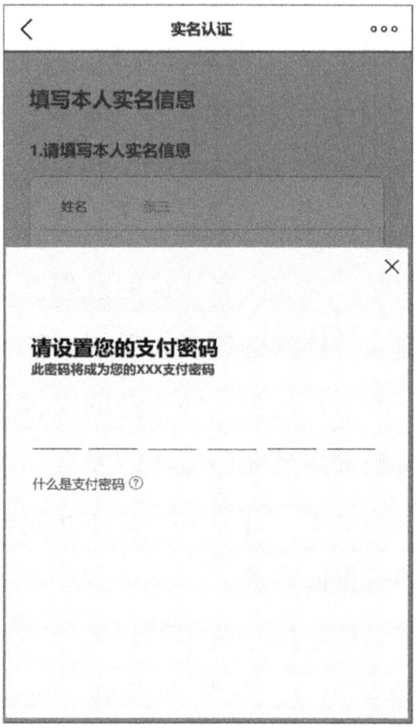


图 3-13　设置支付密码页面示例

### 3. 信息补录和征信授权

此时，已经完成了支付账号开通、银行卡绑定及实名信息的验证，平台对客户有了基本的了解，此时风控系统会进行第一次风险判断，如果发现此客户的实名信息已经存在于其他账号，或者存在已知风险问题，则会给予实名拦截，甚至拒绝后续服务。

实名认证后，平台会继续引导客户进行授信补录以及征信授权。这一步相对于实名认证流程的完成转化率较高，实名认证是第一道较为复杂的信息录入门槛。客户在信息补录页进行职业类型及收入等相关信息的补充，根据风控策略的差异，此页的补充内容因人而异，有可能还会收集其他个人信息，比如紧急联系人信息、获取手机通讯录信息等。信息补录也会存在成功和失败两种状态。

站在 C 端产品经理的角度，此页的信息越少越好，客户的负担越轻，转化率越高。站在风控产品经理的角度，风险是第一参考要素，有些客户的信息厚度较薄时，就需要下发更多的补录项来增加客户信息的厚度，为授信额度的评估提供更多数据源。这是一个平衡的过程。在实际应用中，平台对客户的理解一方面来自客户的主动输出，另一方面来自背后接入的各类数据源的获取。前面章节讲风控知识时提到，风控部门的最高境界是让客户没有感知，让好人舒服，让坏人难受，这个道理贯穿始终。

外部数据源中最有价值也是最重要的一个就是中国人民银行的征信报告，目前主流平台的现金贷业务都会要求获取客户的征信授权，从征信报告中得到最真实有效的个人征信情况。

征信授权分为查询和上报两类，在授信过程中是征信查询，主要是获取相关个人征信数据，产生真实用信和逾期时会进行相关信息上报。依据最新的监管要求，个人征信授权书需要强制客户阅读并进行确认。根据信贷交易模式的不同，征信授权书的签署也有所差异，一般来说，联合贷使用平台版本的授权书，0∶100 纯助贷使用银行方的授权书，具体授权方案需要和公司法务合规部门确认。信息补录页如图 3-14 所示。

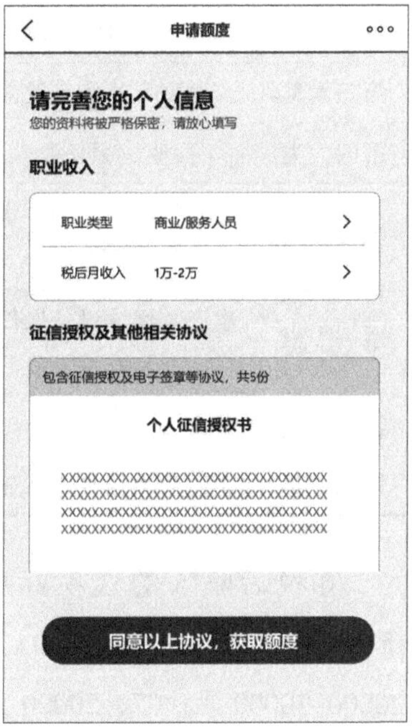

图 3-14　信息补录页示例

信息补录需要关注三个专业知识点，涉及数据标准化和前后端系统的联动，在实际工作中可以直接参考。

①补录码。信息补录页的填写项完全取决于风控系统的下发，在系统层面称为补录

码下发。简单来说，每一个补录码对应一个填写项，例如 Y001 是职业类型、Y002 是职业收入、Y003 是征信授权、Y004 是家庭住址，风控系统下发几个补录码就展示几个补录项。数据提交后进入风控系统进行风控决策，同时客户填写的信息会存入后端的客户数据资产系统并在严格的合规约束和授权范围内使用。补录码的概念在后续用信补录时还会遇到。

②职业类型的选项参照相关国家标准，可参考《中华人民共和国国家标准 职业分类与代码》，划分为三个层级：大类 8 个、中类 66 个、小类 413 个。客户选择时只选择大类即可。在 8 大类的基础上，金融平台也可自行增加其他类别用于差异化的风险识别和信息收集，如学生、企业主。国标版的分类规则如表 3-6 所示。

**表 3-6 职业分类规则与代码**

| 类别号 | 类别名称 | 类别编码 | 中类 | 小类 | （细类）职业 |
|---|---|---|---|---|---|
| 第一大类 | 国家机关、党群组织、企业、事业单位负责人 | 1（GBM 0） | 5 | 16 | 25+0 |
| 第二大类 | 专业技术人员 | 2（GBM 1/2） | 14 | 115 | 379+21 |
| 第三大类 | 办事人员和有关人员 | 3（GBM 3） | 4 | 12 | 45+1 |
| 第四大类 | 商业、服务业人员 | 4（GBM 4） | 8 | 43 | 147+22 |
| 第五大类 | 农、林、牧、渔、水利业生产人员 | 5（GBM 5） | 6 | 30 | 121+8 |
| 第六大类 | 生产、运输设备操作人员及有关人员 | 6（GBM 6/7/8/9） | 27 | 195 | 1119+22 |
| 第七大类 | 军人 | 7（GBM X） | 1 | 1 | 1+0 |
| 第八大类 | 不便分类的其他从业人员 | 8（GBM Y） | 1 | 1 | 1+0 |

③税后收入的选项标准字段为：01，无稳定收入；02，3000 元以下；03，3000~5000 元；04，5000~10000 元；05，10000~20000 元；06，20000~30000 元；07，30000 元以上。

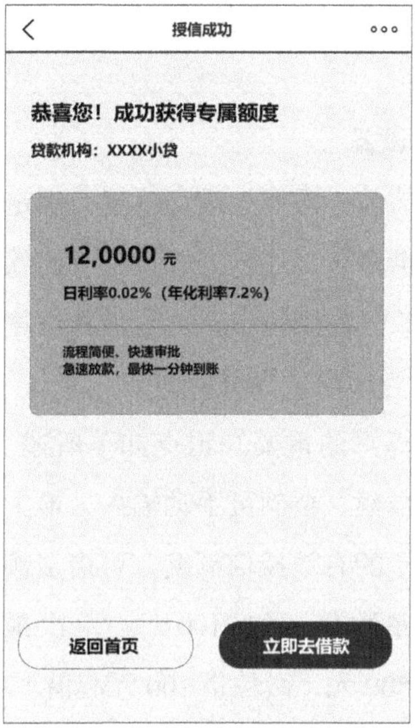


图 3-15　授信成功页示例

4. 授信结果

风控系统会结合已收集到的信息进行额度评估，从而给出授信结果和可授信额度。结果分为授信失效、授信失败和授信成功三大类。授信失效是一个分支逻辑，客户曾完成过授信，一直没有用信，则当时给出的额度会失效，需要客户重新发起授信流程。如果风控判断综合评分不足，则提示授信失败，告知拒绝原因并给予适度安慰。如果提示授信成功，则会展示本次授予的可借款额度和利率以及放贷主体等信息，同时引导客户尽快完成用信。授信成功页如图 3-15 所示。授信额度并非借款额度，也不强制一次性全额使用，客户在额度有效期内激活用信即可，一般额度有效期为 30 天。此知识点在金融实体六要素的“要素三：贷款金额”部分也有提及。

客户完成授信后，会综合比对平台给出的额度和利率，根据自身的用款诉求进行后续用信。此类客户我们称为授信未用信客户，是重点经营的客群分层之一。客户用信后，才算真正意义上的信贷转化客户，平台才有实际的利息收益。授信环节的产品设计原则是轻量化，尽量让客户以较低成本完成注册和信息填写，拿到额度，后续再想办法引导和刺激其转化为用信客户。

## 3.4.3　用信流程设计：完善信息，借款达成

产品迭代最频繁的核心路径之一

用信核心流程分为：用信试算、信息补录（用信）、用信结果（放款）。

用信核心状态分为：用信提交中、用信补录中、用信审核成功、用信

图 3-16　用信试算页示例

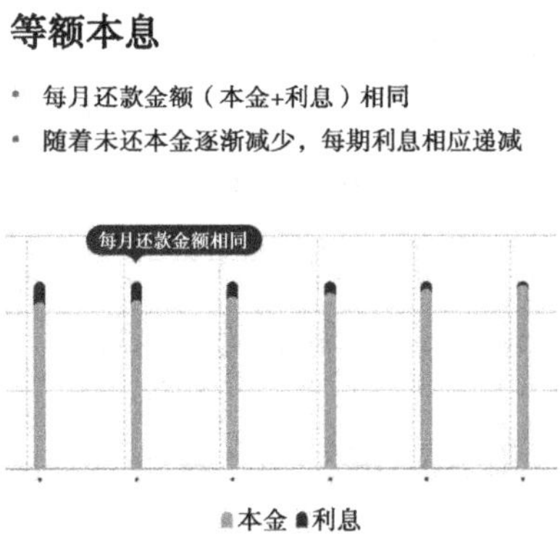


图 3-17　等额本息说明弹窗示例

审核失败、放款中、放款成功、放款失败等。

### 1. 用信试算

开始用信前，需要先进行试算，确定借款金额、借多久、还款方式，了解还款计划，选择收款的银行卡，填写借款用途等。图 3-16 为用信试算页示例。

用信试算页的重要知识点如下所述。

①借款金额。金额可手动输入，最大不超过已授予的有效授信额度。可借金额为 100 元的整数倍，如 3100 元。单次最低借款额度 500 元（微粒贷 100 元起借）。

②借多久。根据产品定价分为 3、6、12、24、36 期（月），实际可选期数因人而异。

③怎么还。选择适合自己的还款方式，根据产品定价决定，通常为等额本息（每月还款金额相同，较好记忆），如图 3-17 所示。根据金融产品设计原则，优质客户可能允许选择先息后本方式。

④还款计划。根据选择的额度、期数和还款方式，系统自动计算还款计划，告知每期的还款金额和总利息等决策信息。客户根据计算出来的还款计划，以及自己的还款能力来调整用信金额和期数。还款计划的计算依赖信贷核心系统的计算，前台页面会调用后台核心系统的相关计算服

务进行实时计算结果展示。

⑤收款银行卡。实名认证时，客户绑定的银行卡会展示在这里，客户也可以绑定新的银行卡用于收款，无论哪个环节绑定的银行卡，都会进入此账号的银行卡列表进行统一管理。绑卡流程同样调用支付系统的快捷支付签约及相关银行卡绑卡服务。

⑥借款用途。借款需要填写用途，包含：个人日常消费开支、房屋装修、度假旅游、购买大额消费品、教育支出、健康支出、其他。要素细节可参见金融实体六要素的“要素二：贷款用途”。

⑦贷款协议。进行用信试算时即代表开始贷款行为，需要同步签署贷款协议。根据客户选择的试算结果，贷款协议中会明确展示详细的贷款要素及相关条款。在页面底部务必放置相关协议的展示，并要求用户主动完整阅读内容并完成勾选同意，准确的协议名称及内容需要与公司法务部门确认。

用户在用信试算页点击“下一步”按钮后，会进入后续流程，如果等待时间较长，可考虑增加独立等待页逻辑，提升客户体验。图 3-18 为用信试算页中的贷款协议内容。

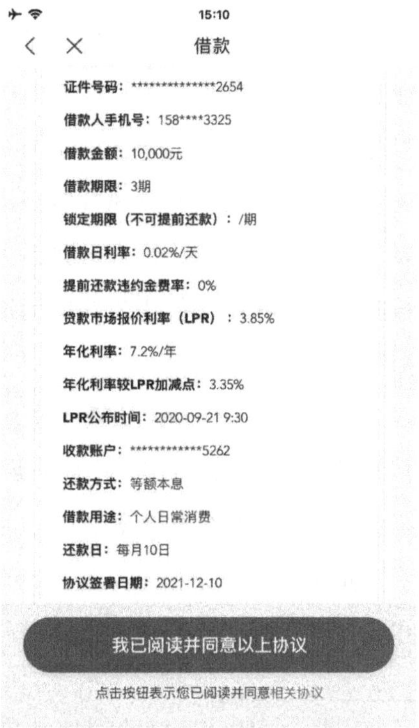


图 3-18　贷款协议正文示例（部分）

### 2. 信息补录（用信）

很多的现金贷产品都采取“轻授信、重用信”的模式，在客户有实际用款行为时，让客户补充完整信息，以便提升整体的授信和用信转化率。客户“过五关斩六将”完成了授信，进行了复杂的用信试算，大概率会进行实际用信，此时再补充一些信息就显得没有那么突兀。

同时，在合规监管及反洗钱的大背景下，在与客户建立业务关系后，在为客户开立支付账户前，金融机构需要收集完整的客户九要素[①]，并根据实际情况，传给对应的放款主体银行进行风险识别。

在实际使用场景中，大部分要素信息都在前面授信阶段进行了收集和获取：

- 姓名、身份证件号码、联系方式等信息收集在实名认证阶段完成；
- 国籍默认为中国，不支持外籍客户申请；
- 性别、职业、住所地或者工作单位地址可以通过征信报告和其他数据源获取，不完整的可以引导客户录入和通过身份证照片 OCR 识别，综合比对排重；
- 身份证件的号码和有效期限需要通过上传身份证图片的方式进行 OCR 识别获取。

除此以外，常见的用信补录信息还有房产证、学历证明、租房合同、营业执照、家庭住址、常用联系人等。不同平台的补录内容不完全相同，仅供参考，每一项补录信息的展示与否都依赖对应补录码的下发。相关补录信息完成录入后，还会根据风控策略进行人脸识别或支付密码验证或短信验证码验证进行身份核验，以保证是本人操作，降低欺诈风险。具体选择哪种身份核验方式以风控系统下发策略为准，信贷产品经理需要设计对应承接页面和对接后端逻辑。

每一项补录信息都依赖风控下发的补录码，补录码会根据行为环节分为授信补录码、用信补录码、增信补录码等不同补录分支，具体策略由风控系统根据业务实际情况差异化设计。图 3-19 为用信阶段的信息补录页示例。

正常情况下，整个流程都是自动化完成的，秒级完成决策及审批，但是也有异常情况，需要进入人工审核环节，对其中的一些信息和图片资料进行

① 九要素：金融机构必须收集开户客户的九项基本要素信息指的是自然人客户的基本信息，包括客户的姓名、性别、国籍、职业、住所地或者工作单位地址、联系方式、证件类型、证件号码和证件有效期限。客户的住所地与经常居住地不一致的，登记客户的经常居住地。

二次甄别并要求客户补充和调整相关信息项后重新审批。所以在用信补录页之后根据实际系统耗时情况还可以酌情设计“短时审批等待页”和“长时信审审批等待页”的逻辑进行承接，针对不同耗时情况设计差异化表达分支。核心原则就是最大化地降低风险并最大化地提高用信通过率和客户满意度。信审属于风控体系里的独立系统，异常分支每家平台差异较大，这里不展开说明。风控和信审都属于风控范畴，共同完成每一笔业务申请的审批。

图 3-19　用信阶段的信息补录页示例

### 3. 用信结果（放款）

经过层层授信和用信风控的决策，至此，一笔借款申请就进入尾声了，系统会进行用信审批和放款审批。通常情况下，用信成功后会同时触发放款操作，将款项打入客户选择的本人收款卡内。此环节依赖支付系统及支付打款通道，最快 1 分钟资金就可以到账了。同时页面会提示借款金额和还款日，提醒客户按时还款。除用信成功页外，还有用信失败页、放款等待页、放款失败页等异常分支页面，具体设计时可以自行把握，结合实际业务状态和后台处理逻辑进行对应前端页面的承接。图 3-20 为用信成功页示例。

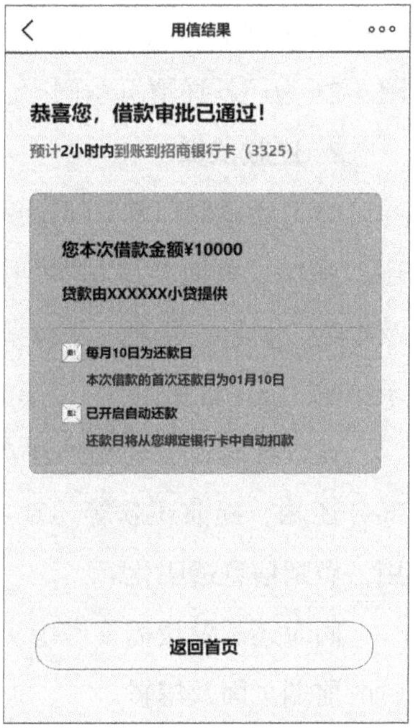


图 3-20　用信成功页示例

## 3.4.4 还款流程设计：快捷还款，形成习惯

**合规有序、稳定可靠、压降成本是基本面**

还款核心流程为：还款详情、还款试算、还款扣款和还款结果。

还款核心状态为：还款提交、还款中、还款成功、还款失败等。

### 1. 还款详情

有借有还，再借不难。养成良好的还款习惯是持续使用金融服务的前提。当客户完成用信后，系统会生成借据的还款计划并展示在还款详情页中，如果有多笔借据也会同时分开展示。

对于支持随借随还的现金贷产品，可以提前还款和合并还款，客户灵活选择。图 3-21 为还款详情页示例。

### 2. 还款试算

确定还款时，可以点击某笔借据进行还款操作，页面会展示本期应还总额，以及本金、利息、罚息、手续费等费用明细，如果有优惠券减免，也会同步给予扣减。

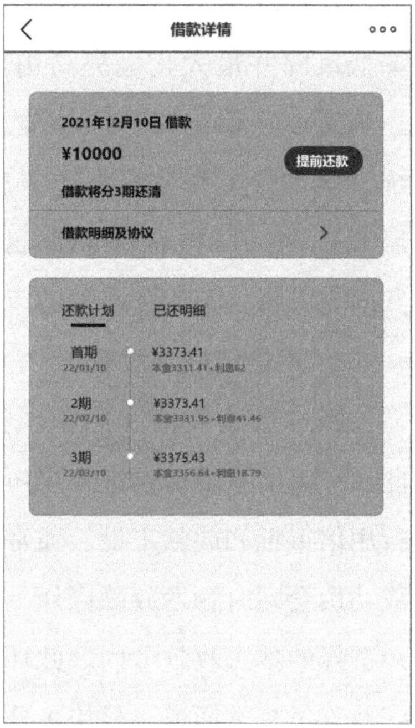


图 3-21 还款详情页示例

在设计时，需要额外注意还款方式的多样性和差异化，提供按期还款、部分还款、提前还款等还款方式。并明示所需支付的金额及产生的额外费用，做到信息透明化。

同时还款模块需要考虑多笔借据合并还款的功能设计，单独提供合并还款的前端页面及逻辑。

针对还款方式的实际需求差异，一般会提供银行快捷支付和线下对公银

行账号网银转账的方式，为客户提供灵活的还款通路。客户选择银行快捷支付方式时可以选择支付用的扣款卡，同样，这里也可以绑定新的银行卡用于还款扣款；选择线下对公银行账号网银转账时则引导跳转到对应银行 APP 完成转账操作。方案设计还需要兼容溢缴款的处理逻辑。

还款流程页面的产品迭代不如授信和用信流程频繁，从某种意义上来说，客户的还款意愿来自良好的信用习惯和自觉性，体验差一点也是可以接受的，只要保证还款通道的通畅度和可用性就能解决大部分还款问题。虽然此环节的迭代优先级稍低，但并不代表其不重要。图 3-22 为还款试算页示例，点击“确认还款”则进入通用的收银台支付流程。收银台属于支付团队的设计范畴，快捷网银和银行转账的流程页面直接接入支付团队的支付模块即可，用户支付成功后进入还款结果页。

图 3-22　还款试算页示例

### 3. 还款结果

在还款结果页，客户重点关注还款成功与否的状态，以及下期还款的时间。

还款结果页的状态会分为当期全部结清、借据全部结清、逾期结清、借据部分还款等，还款时效可以分为按时还款、结清和提前还款、结清，页面内容会根据不同情况差异化展示。还款完成后，相应的可用额度会实时恢复。例如授信额度为 1000 元，上月借款 500 元，本月按期还款本金 500 元和对应利息后，可用额度恢复为 1000 元，额度可循环使用。

还款结果也会通过系统 Push 和短信方式同步通知客户，让客户放心。

此时，客户已经完成了一次还款行为，成熟的平台往往会在页面放置一些运营活动推荐位和业务推广资源位，引导客户参与其他活动，了解其他业务，进行业务之间的交叉引流，提升整体的客户停留时间和活跃度，比如购买理财、充手机话费、参与抽奖活动等。同时，如果客户的借据已经全部结清，平台会重点关注此类客户，积极引导其复贷，并收集客户的意见，改进服务体验，最大化地留住客户，避免客户转移到其他平台。

还款模块里还需要设计还款失败页、还款列表页面、借据明细页等信息页面，在产品设计过程中，可以参考市面上成熟的信贷产品的页面，如客户体验较好的借呗、京东金融金条、微粒贷等。图 3-23 为还款成功页示例。

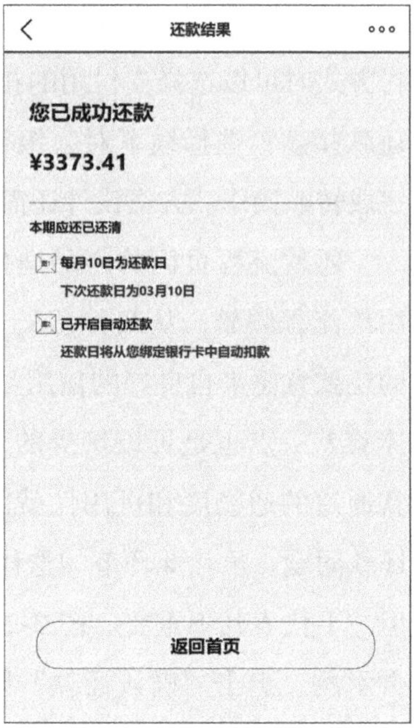


图 3-23　还款成功页示例

### 3.4.5　召回流程设计：洞察客户，持续激励

**让池子里流走的水自己流回来，客户经营是门大学问**

在整个业务及客户生命周期里，优秀的平台会持续激励客户完成业务转化和进行多次复购。针对信贷产品而言，常见的召回手段有调额调价、优惠券权益激励及客服电销回访等手段。

优惠券权益激励和客服电销回访属于运营策略的范畴，会涉及营销权益系统及客服电销系统，通过分客群的洞察进行差异化的权益发放和服务给予，主动触达高价值客户并给予其超预期的服务体验。关于营销权益系统的产品后面会详细介绍。

在产品 Offer 维度，调额调价是有效的召回手段，也称为 Reoffer（Offer 调整）。正向积极的 Offer 调整称为“增信”，客户通过补充相关信用类资料来申请更好的 Offer。

调额调价分为两部分，即调额与调价。调额意为调整额度，大部分客户的需求都是希望提高额度，调额形式分为固定额度调整和临时额度调整，申请方式分为主动申请和被动申请。调价意为调整价格，客户希望通过调价申请来降低利息，调价形式分为固定价格调整和临时价格调整，申请方式也分主动和被动两种。整体策略依赖风控触发。增信服务对于授信未用信客户和用信客户都适用，目的是促进首次用信和复贷。主动申请的产品流程设计为通过主动要求补充信息的形式完成增信。无论是提额度还是降价格，客户在申请时一般需要补充的资料涉及房产证、租房合同、纳税证明、学历证明、其他竞品 Offer 截图等。具体补充内容由风控系统下发补录码的形式来触发，每一项资料都对应不同的补录码。客户提交资料给风控系统进行审核，部分图片资料还需要进行信审二次审核确认。被动申请的含义为无须客户主动进行申请，风控系统根据风控模块和策略判断，适时进行 Offer 信息调整，并通过短信或 APP 通知等方式提示客户。

这里需要额外指出的是，在增信产品的设计过程中，有时会出现客户提交申请后，额度不升反降、利率利息不降反升的情况。这种情况对客户体验是极其不友好的，设计时需要格外注意页面流程和文案的引导，以及兜底方案的设计。类似情况往往需要联合风控部门和信审部门一起排查问题原因。如果不能为客户提供合理有效的增信服务，则需要进行差异化处理，屏蔽相关功能入口的展示，避免产生不必要的客诉。

当然，如果平台发现客户的资质和风险表现发生了负向变化或存在变化风险，风控系统会触发 Reoffer 策略，主动做出降低额度和调高价格的 Offer 调整动作。

图 3-24 为临时额度申请的流程界面示意图，客户提交相关材料后，系统给出临时额度的审批结果。固定额度申请、固定价格申请、临时价格申请也是类似的流程，每家平台需要客户补充的信息资料都不尽相同，界面也会稍有差异。Reoffer 模块是独立模块，前后端逻辑会最大化复用。在产品方案设计过程中，风控系统的补录码下发策略以及 F 端机构的增信要求都会影响

图 3-24　临时额度申请页示例

需要补充的信息，整体联动后，前端界面根据后端实际下发的补录码进行信息的呈现。

## 3.5　信贷常见中后台系统简述及设计原则

一款完整的互联网产品一定有前端服务设计也有后端系统设计，是前后端系统联动的设计体系。信贷产品经理在实际工作中会有所侧重。前端也称为 C 端，更多强调服务闭环和体验完整性；后端也称为 B 端，更多强调效率达成和解决实际业务问题。在产品项目推进的过程中，很多项目都是跨系统、跨团队的大项目，随着产品经理对业务的深入，其角色会变为项目的主 PM，需要对前端流程和后端系统有充分认知，可以就整体项目之中涉及的系统和对应的职责边界进行快速决断。

每一家互联网金融企业都会有很多的后台系统，名字千差万别，但是解决的问题都是一样的。如今许多企业都会在内部成立业务数字化系统的项目组，集中搭建一批中后台系统，赋能业务发展。

信贷业务中常见的中后台系统有信贷核心系统、分发路由系统、产品管理及定价系统，客户数据资产系统、客户经营系统、小流量配置试验系统、千人千面界面配置系统、营销权益系统、业务数据分析系统等，除此以外，还有助贷机构 CRM 管理系统负责助贷机构的信息管理，支付清结算系统负责资金划出及资金清分工作，风控系统负责风控策略和风控规则的决策管理等。每一个系统都有专门的产品经理来负责，系统逻辑较为复杂，专业性较强。为了让大家在实际工作中能快速了解不同系统的核心职责和能力边界，提高工作效率，下面介绍主要系统的产品定位和设计思路。感兴趣的读者可以在实际工作中以此知识为基础，结合具体项目需求深入学习。

### 3.5.1　信贷核心系统

信贷业务稳扎稳打的镇山之石

信贷业务开展的过程中，借据管理是基础能力。核心系统的主要职责是借据信息的存储和管理、分期计划和息费计算及交易流水管理。

①借据。借据是用来标识客户的一次借款，每个借据都有全局唯一的借据号。借据包含各项息费金额、借款日、借据状态等基础信息。

②分期计划。借据会根据产品规则包含多个分期计划，如 3 期、6 期、12 期、24 期、36 期等。每个分期计划都有各自息费对应的应还、已还以及分期状态等信息。

③交易流水。交易流水用来唯一标识客户的一次交易行为，如放款、还款、退款等。每一种交易行为对应一个交易码。同时交易行为对应的息费金额等信息的变化过程都会被系统记录和保留。

三者的关系如图 3-25 所示。

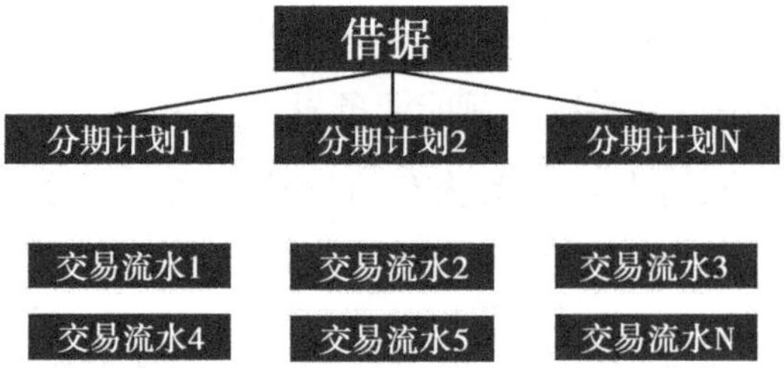


图 3-25　借据、分期计划、交易流水

当业务流程涉及放款、还款、退款、降贷、展期、缩期、息费减免等事项时，信贷核心系统都会针对业务变化，实时调整借据信息。同时，核心系统还负责执行各类跑批任务，跑批任务主要分为罚息计算、借据拆分、退还款清分、出各类对账文件（总账文件、放款明细文件、分期计划文件、借据变更文件等）等。信贷核心系统是业务最底层的能力建设，也是偏金融业务范畴的系统，信贷核心系统会与风控系统、支付系统、账务系统等后端系统紧密配合。从产品定位来看，信贷核心系统属于偏后台的数字化系统框架体系。这类系统往往由通晓信贷专业知识和金融业务底层耦合逻辑的 B 端产品经理负责规划设计。

### 3.5.2　分发路由系统

响应快，脑子灵，多维度智慧整合的决策师

信贷放款需要资金支持，目前的信贷业务，除了使用自营资金承接外，更多的资金来源需要依靠合作金融机构的资金池。每家平台都会接入几家甚至几十家的合作金融机构。客户在平台申请一笔贷款后，系统就会匹配一家或多家出资方进行资金承接，在承接匹配的过程中，会出现借款方（客户）和出资方因为种种原因无法匹配的情况，例如客户的资质和风险评分与出资方的风控要求不匹配，或者出资方的资金不足，出资方系统临时维护等，这时候平台就需要进行快速调整，将这个客户分配给其他机构进行承接问询，找到合适的出资方进行后续的授信、用信、放款等流程，这个过程就称为回收再分发，即先回收、再分发。

为了方便大家理解，后面会用“客户”指代借款方，用“机构”指代出资方。在实际系统项目设计过程中，产品经理和研发经理也经常会使用“客户”和“机构”这两个词来进行日常沟通。

分发路由系统的核心定位是资产（客户）与资金（机构）的精准匹配，考虑因素包含盈利性、承接率、均衡度和合规政策等。整个分发的逻辑是一个综合判断实时调整的动态过程，属于策略产品设计的范畴，是一个持续迭代的最优策略结果的输出工作。

分发过程包括机构筛选、机构排序和机构轮询。机构筛选主要根据客户的定价等因素筛选合适的承接机构，然后根据资金计划均衡度进行机构排序，排序后进行机构轮询来决定最终可以承接的机构。整个过程对处理时效和承接率有明确的指标要求。同时分发系统还承接机构拒绝后的客户的回收处理逻辑，将被拒绝的客户重新分配给其他机构，如果客户再次被拒绝且没有找到其他机构承接，则用信失败。系统最终可以根据经营策略进行调配和转移，将客户分配导流给第三方的贷超平台进行资产承接。简单地说，导流模式就是我自己服务不了的客户，通过贷超产品分给其他外部合作伙伴进行接盘。站在客户体验角度来看，整个流程需要做到信息明示和自愿选择。

回收再分发从系统流程来看，主要分为授信回收再分发和用信回收再分发两类。客户在平台申请授信时，会首先经过平台的自有风控系统的初筛，然后问询机构的盈利性及风控等要求进行授信 Offer 的输出。在过程中，平台会问询多家机构的风控系统，得到最终的承接机构，此过程会存在一定的等待耗时，此类属于负向体验折损，尽量让客户减少等待的感受。如果遇到机构维护等异常情况，还会进行缓冲池的兜底设计，将客户暂时放入等待队列而不直接给出最终的失败状态结果。

在业务开展过程中，为了最大化地减少前序流程的转化折损，提升转化率和承接率，目前很多的互联网金融平台都优先采取用信分发的模式，授信时先使用自有风控系统和自营资金进行资质判断和流程承接，在实际用信时再分发给合适的出资机构进行承接，对于客户资料不全的情况，下发对应补件信息引导客户进行资料补充，客户看到的前端流程就是用信补录页。从客户体验的角度来看，回收再分发的次数不宜过多，最理想的状态就是用信分发的次数只有一次，一次性选择一家出资机构进行匹配，规避切换机构的负向体验感知。所以分发策略的智能化和准确度就显得尤为重要。

### 3.5.3 产品管理及定价系统

严谨、数智、稳定、精算的产品大管家

有了负责借据管理的核心系统、负责资金分发的分发路由系统，还需要管理产品定价。产品管理及定价系统主要分为两部分：产品管理模块和产品定价模块。

产品管理模块主要负责产品线的创建维护，产品的金融实体要素、定价码管理的信息维护（前面提到的信贷产品金融实体六要素的相关配置能力就是这个模块来承接），同时负责业务八项息费[①]等基础信息的配置。例如某金融平台有现金贷、企业贷、教育贷三款产品，这三款产品就是三条产品线，创建产品线后再进行金融实体要素和定价信息的相关配置关联。

定价管理模块维护了信贷业务线的定价码信息，包括定价码的创建、查看、编辑、生效、失效等操作。

产品定价模块的核心职责包括定价存储、定价查询、调整定价三部分。定价存储服务是对客户的固定价格信息、临时价格信息、临时额度信息进行存储；定价查询服务用于查询客户的定价码[②]、日利率、还款方式、定价因

① 八项息费：利息、手续费、罚息、逾期费、服务费、账号管理费、提前还款违约金、退款违约金。
② 定价码：根据业务发展，基于多组还款方式和还款期数等信息的组合而生成。

子[①]、PNO[②]、LPR、APR、IRR 等信息；调整定价则负责针对指定定价码、指定幅度、指定最大日利率等不同方式调整定价。客户的最终 Offer 价格是风控系统决策的，价格信息写入定价系统以便存储和后续调用查询。定价系统的结果会用于前端页面的展示，例如试算页中的借款期限、日利率、年利率、可支持的还款方式等各类信息的计算和字段结果信息都需要定价系统的大力支持。前端产品经理负责页面表达框架设计，定价系统产品经理负责平台功能，提供实时查询试算接口和对应结果输出的能力。

### 3.5.4　客户数据资产系统

严格遵守隐私政策的客户信息机密仓库

客户数据资产系统也称为客户画像标签管理系统或 CDP 系统，主要负责客户的基础数据和画像标签的存储、分类、管理、加工、输出。该系统通过维护大量的基础属性值及标签来支撑业务发展和经营诉求。客户标签的设计体系十分庞杂，具有业务定制化和使用场景目的化的特点。客户标签一般分为基础信息标签、操作行为标签、业务转化标签、活跃度监控标签、高价值评价标签、负向反馈标签和满意度指数标签等。不同企业和业务对标签的定义和颗粒度都不尽相同，往往每一类标签都有几十个甚至上百个标签。例如授信未用信标签、在贷 30 天客户标签、7 天内有客服咨询行为但未完成用信转化标签，等等。随着业务的发展和变化，系统会根据产品及运营的诉求进行个性化的定制和加工。客户数据资产系统为客户经营而生，是经营策略的底层弹药基础。客户数据是核心机密资产，要严格遵守数据存储规范和合规要求，对数据使用多重加密和物理隔离等技术手段，客户数据是企业数

① 定价因子：客户息费的浮动因子，在基准定价基础上，通过调整定价因子的数值，实现差异化定价的能力。

② PNO：基于业务产品线类型、还款方式、还款周期等信息生成的唯一核心编码，用于在放款、还款、退款时计算客户的息费信息。

据资产全局范畴里最有价值的数据之一。

### 3.5.5 客户经营系统

为客户经营助力，多样化、动态化的海量策略高速路

在金融产品设计过程中，我们经常把用户称为客户，平台会从服务和盈利性的角度出发，重视客户的全周期服务体验，关注客户的未来可盈利性和利润价值，是以待客之道来对待和思考问题。客户从下载 APP 客户端、访问平台网站或看到产品宣传页开始，就已经和我们产生了连接。如何从第一触点开始就牢牢抓住客户并洞察客户的需求和体验感知，是客户经营团队需要面对的课题。客户经营系统就是提供经营策略管理、策略触达方式管理、策略效果跟踪和策略分析复盘的中台赋能系统。

经营策略是十分复杂的一套逻辑，目前很多的互联网公司都有类似的策略配置系统，基于用户的全生命周期行为旅程进行经营动作的设计和分析。例如滴滴打车的乘客派单策略、司机的接单优先级策略、快车订单被司机拒单后的权益补偿策略等，都是经营策略的应用场景。

策略往往不是单打独斗的，针对不同的经营目标应形成多种策略的组合拳。信贷客户的经营策略体系也是通过许许多多的策略组合来达成对应的经营目标。例如新客触达策略会包含发放新人礼包、发送欢迎短信、在页面展示新人教育攻略卡片等；流失客户召回策略会包含发放还款免息券、展示流失客户专属引导卡片、开通增信申请入口、电召人员主动介入等。

每一类策略会以策略树的形式来配置和维护，不同的策略树会根据触达客群、触达周期和经营目标等维度进行策略隔离，保证同样的客户不会被不同的策略团队和互斥的策略内容触达。例如针对新客设计了 A、B、C 三条新客策略，策略 A 发放 100 元的现金红包，策略 B 发放 7 天免息的还款免息券，策略 C 为留白组。三条策略的触达客群是在同样的客群标签内随机分配的，人群是完全隔离的，策略的生效时间周期是重合的。

在策略配置时，留白组的预设很关键，类似A/B测试，保证后期针对策略进行效果分析的准确度和置信度。

常见的经营触达形式有：短信、Push通知、人工电召、智能电召、优惠券发放、福利卡片、专属定制服务入口、企业微信客服、线下拜访等。

常见的经营客群及目标有：新客户促首次转化、老客户促用信和久期、流失客户促召回、金融业务和泛金融业务的交叉使用、新老客户的优惠券使用转化率提升等。

### 3.5.6 小流量配置试验系统

敏捷试错的试验场和效果监控舱

敏捷迭代和敏捷设计是互联网企业的特色，快速试错、快速修正的产品管理机制必然需要有针对性的系统进行支持。小流量配置试验系统主要解决基于同样试验诉求，多组试验方案在约定周期、约定客群、约定业务规则条件范围内进行线上真实环境试验并进行试验效果分析和结论产出的问题。基于业务的差异性和所处客户经营阶段的不同，每家企业的小流量配置试验系统的可试验物不尽相同。常见的试验类型有：不同面额的优惠券、页面某个字段元素、页面不同的样式色调、业务申请流程的多套方案等。试验中需要注意试验周期和样本量不能太少，否则数据存在不置信的可能性。一般试验周期控制在3~7天，相对复杂的试验可以观测30天以内，样本量控制在千级别以上。试验完成后及时进行数据分析，并对表现较好的方案进行转正，较差的方案及时淘汰并下线相关试验内容，减少系统压力和试验数据冗余。

### 3.5.7 千人千面界面配置系统

想你所想、猜你所求、如你所愿的心灵大师

前端表达和前端页面对客户来说是最直观的触点，网站、小程序、H5

网页、APP 界面都包含大量的展示内容和字段元素，涉及页面颜色、页面图片、页面卡片、页面内容的布局和前后顺序、流程分支顺序等。智能化和数字化落地程度较好的产品会根据不同的客户给予差异化的表达，例如前面提到的信贷落地页，不同渠道、不同客群、不同投放物料的承接落地页的样式和页面内的元素信息都有差异。同一个展示位置或同一个信息卡片的内部展示信息也会有所差异。常见的案例有电商网站的猜你喜欢卡片、特价推荐卡片、福利权益卡片等，信贷相关产品流程里的额度展示页面、增信差异化补件项、反欺诈提示文字区等。背后的配置逻辑依赖客群标签策略实例和展示样式表达模板实例的一一匹配来实现。

### 3.5.8 营销权益系统

让客户“薅羊毛”是永恒不变的营销法宝

营销权益就是客户获得的各类优惠券和权益福利，各大互联网企业都有权益营销系统，有的企业称为卡券包权益系统。营销权益系统的主要职责是负责权益接入、权益创建、权益信息管理和核销管理。常见的权益类型有现金红包、消费折扣券、消费满减券、还款免息券、提额券等。同时营销权益系统也会接入一些外部的权益供应商扩充权益品类，例如爱奇艺会员、京东消费卡、腾讯读书会员、中石化加油卡、KEEP 会员卡、移动话费充值等权益。部分外部权益的核销数据会开放 API 接口，客户在核销后，可以在卡券包看到使用状态变为“已使用”。

营销权益系统针对不同客户发放权益后，在前端流程中通过卡券包模块进行权益信息的呈现。用户可以在卡券包里看到每类权益的标题、使用场景、使用规则、有效期、详细说明、使用状态等信息。京东商城、支付宝、美团、滴滴打车等平台都有卡券包模块，卡券包的访问入口以个人中心页面居多，属于用户个人资产的一部分。

卡券包的产品形态和交互流程的趋同性较高，很多平台的卡券包列表和详情页都十分相似，在后端策略层面会根据业务差异和经营诉求差异在排序逻辑、筛选逻辑、推荐逻辑等维度进行展示策略调整。

从合作关系来看，营销权益系统可以理解为武器库，为客户经营系统提供弹药支持，经营策略离不开权益物的发放。例如新客经营策略：7 天内新注册的客户发放 10 元现金红包，最高控制预算 200 万元，发放时间周期 10 天。

清晰了解各个系统的边界对于产品经理开展工作十分重要，提高工作效率和跨部门合作满意度，是产品经理专业性的体现。

### 3.5.9　业务数据分析系统

数据为王，检视业务，精细化经营的指挥官

产品离不开运营，运营离不开数据。基于业务的运营体系已经升级为经营体系。

就用户行为来说，用户的每一次到访、页面点击、退出返回、长时间节点停留、客服沟通的频次都是需要关注的数据指标。

就业务来说，各类转化率和观测指标更是举不胜举。以信贷业务举例，常见的核心数据观测指标有登录成功率、注册成功率、实名认证转化率、授信提交率、补件提交率、风控通过率、授信成功率、用信发起率、用信补件率、用信成功率、机构分发承接率、增信发起率、增信提交率、增信成功率、客诉进件率和解决时效等指标，同时还有基于综合服务感受的 NPS 指标。

就系统性能来说，主要有页面加载等待耗时、接口请求耗时、系统可用性时长、QPS 承载力等指标。

每一项除了看正向转化，也会关注负向转化，也就是成功和失败两个维度，通过全旅程的数据监控来把握后续的产品设计和经营方向。大型企业或业务敏感型企业的业务数据分析系统一般采取自建开发模式或者是采购成熟商业分析产品后进行本地部署和二次开发。中小型企业会选择更为灵活和性价比高的商业分析系统，例如神策、GrowingIO 等，通过 saas 模式或本地部署方式进行日常数据分析使用。

业务数据分析系统的核心价值除了保证数据的及时性、准确性、可用性和高响应率以外，可视化和易用性也是评判系统是否商业化和智能化的标准。优秀的商业分析系统支持产出不同形态的图表和数据看板，可以灵活、动态地进行数据看板的生成和观测维度的调整，并支持导出 Excel 表格，这些易用性的功能可以极大地提高试验效率、分析效率、经营决策效率。系统的实际使用方有业务经理、运营经理，产品经理、数据分析师和相关领导者。

以上列举的只是信贷业务中后台的冰山一角，实际工作中更多的是偏向业务执行和客户经营维度的中后台系统，这些系统对于金融行业以及其他行业都有一定的借鉴意义。中后台系统的核心价值就是提高效率和解决问题。如今 B 端产品经理的专业性要求和能力价值日益提升，无论你是偏重前端产品和服务设计，还是侧重后台产品系统及策略设计，不断构建自己的 B 端产品设计思维和产品架构思维对未来的个人职业发展十分重要。

# ◆ 第 4 章 产品经理全闭环工作方法论

本章会从互联网产品项目管理和日常闭环工作内容角度介绍如何从 0 到 1 设计一款互联网产品，帮助读者提升竞品分析、原型设计、需求拆解、流程图、产品需求文档撰写、项目进度管理等基础 PM 技能，在成为既懂专业知识又懂互联网产品服务设计的资深产品经理之路上迈进一步。

## 4.1 产品全生命周期四象限

不管是产品还是运营，都有对应的生命周期，生命周期应该是一个基本概念，但是我遇到的多名有着求职困惑的学生在遇到下面的问题时，并不能给出让面试官满意的条理清晰的答案，这道面试题就是：谈谈你所负责过的产品的生命周期是怎样的？你是如何完成从需求到上线的全周期的产品规划工作的？很多时候，看似简单的事情背后存在着很多的细节和思考。

### 4.1.1 一道面试题引发的思考

很多面试题其实都有标准答案

很多人在面试产品经理的时候，都会被问起过往的工作经历和工作内容，面试官希望从求职者的表达中得到一些答案。面试官有几个层面的答案预期，由面试者的回答判断其是否真的做过这份工作和这个项目，判断其在项目中的角色和工作的执行深度，判断其逻辑思维和表达能力等。所以在我看来，能够把这道题回答得精准又有执行细节是一件不容易的事情。

读到这里，你可以思考下，如果让你在两分钟内回答关于产品生命周期的问题，你会如何回答？

### 4.1.2 产品全生命周期四象限

定义、设计、管理、发布及迭代，按部就班有条理

产品全生命周期包含四大环节，对四象限的方法论有清晰认知后，后续的工作执行节奏会更顺畅，如图 4-1 所示。

图 4-1 产品全生命周期四象限

#### 1. 四象限之一：定义

图 4-1 是笔者总结的一张四象限图，在产品生命周期里，第一部分是定义的环节，我们经常提到的竞品分析、用户画像、需求挖掘和核心需求确认等工作内容都属于这个环节。作为一个产品经理，定义的环节是最耗费时间的一个环节，在新产品初期和新功能立项的初期，这个环节占用产品经理 60% 的时间和精力都是值得的。新项目的立项和前期调研工作是最重要的一个部分，其中客群选择、客群定位、客群属性、项目核心目标、盈利性

分析、资源投入预期、竞品的现状等都是这个阶段需要明确的。而在这个阶段，你会发现产品经理在梳理和汇报这些内容时，并没有进行 Axure 产品原型设计，而是明确最初的目标定义和客群定义。

所以，很多产品经理在拿到领导交办的新产品任务后，第一步是快速了解一下竞品的情况，下载几个 APP 学习一番，然后就开始绘制首页原型图，勾勒页面里面模块的样子，陶醉在页面里图片和文字的摆放和字号大小设置中无法自拔。这种情况导致的问题就是后期会陷入方案反复调整和不断被推翻的困局中。很多人喜欢先画原型，然后页面全部画完后，为了写产品需求文档的需要而开始补画流程图和功能框架图，这就是本末倒置。

这时候，有些人可能会说，不是我不想，而是项目时间紧张，领导也没让我做这些东西。所以这时候就需要你主动调整意识，这也是我和很多学生反复强调的一点，你要知道专业是什么样的，如果你想变得专业的话。

所以，第一阶段宁可慢一些，也要踏实地做好前面提到的工作，认真地输出原型前面的输出物，这会让你对这个项目的目标和定位想得更清楚，后续的产品设计工作才能更加顺畅。

**2. 四象限之二：设计**

定义的环节有很多的事情需要完成，产品经理在项目目标、核心需求、人群定位上和领导达成一致后，开始进入设计的环节，这时候产品经理可能需要输出一份低保真的原型图（关于原型的低保真、中保真、高保真的区别，后面章节会专门介绍，不同场景需要不同的原型）。根据公司的情况和领导的偏好，你需要组织一次可视化方案的沟通会议，会展示核心流程的页面和交互逻辑，从而更好地明确项目的细节和得到领导的下一步指示。在这个阶段，会遇到一种情况，领导希望你完成一份可以支持点击跳转和尽量仿真的强交互的原型方案，这种情况一般出现在创业公司和外包公司中，在大公司很少见。这也是很多人学习 Axure 的误区，认为学习 Axure 软件就需要学会中继器、函数等功能，同时这也加深了你对自己所从事的产品经理工作的误解。大部分正规的大型互联网企业采用的都是中保真原型方案配合交互方案的模式进行产品方案的输出。

在第一版中保真原型方案得到认可后，你可能认为接下来要细化原型图，其实不然，这时候你需要开始输出的是架构图和流程图，将产品框架内的功能进行梳理，明确模块之间的层级关系，并对整个项目的页面进行确认和梳理。每一个流程都需要完成一个流程图。流程图大家都不陌生，而很多人对框架图的理解存在一定偏差（关于流程图和框架图的关系和画法后面章节会专门介绍）。流程图和框架图完成后，才开始正式进行原型图的细节绘制和页面内卡片和逻辑以及页面交互的设计，这时候你会发现原型的输出速度会提升，因为很多细节和逻辑你不会反复纠结了，而更多的是沉浸在页面内元素的关系和布局设计上。

当你完成原型设计后，会再次和交互设计团队进行沟通，来完成后续的交互设计，如果公司内没有这样的交互设计师的职位也恭喜你，你的原型方案就需要完成交互设计的这些内容。

在设计的最后一个环节，就是输出 PRD 了。你会发现经过前面的沉淀和输出物的储备，你的 PRD 撰写效率会十分高效。而经历了这种过程后输出的 PRD，需求考虑不周全和缺失分支逻辑的概率会低很多。

**3. 四象限之三：管理**

前面的定义和设计环节，在一定程度上是以你为主驱动的过程，更多的是你付出精力较多的过程，而到了管理的阶段，会发生一些变化，你从偏执行的角色变为偏管理的角色，这里提到的是“偏”而不是“专”。

简单地说，前面是你埋头苦干做调研、定方向、写汇报、做沟通和输出多个版本方案的过程，后面开始需要配合部门登场开工了。你的配合者就是交互设计师、视觉设计师、研发工程师、测试工程师、运营经理等。而你需要通过需求评审会，项目排期沟通会，项目管理早会、周会等项目管理和团队沟通的形式进行项目的管理和把控，同时需要依靠一些制度约定和项目管理的介质去进行进度和质量的把控，最终保证项目按期上线。

对于小型项目而言，这些都是日常的工作，而在较大型的项目中，我们在产品的开发过程中，会涉及大量的外部模块和外部能力的集成，尤其是综合类的 APP 和金融类的 APP 项目，内部会涉及很多合作模块的集成。比如百度 APP 这种综合门户型 APP，除了自身的大量基础功能外，很多服务依赖的组件和模块都来自第三方集成。还有支付宝这种巨无霸的金融 APP，很多功能也是采取类外挂的模式进行集成。每家平台都设计开发了很多的集成和合作模式，以便更好地提高外部服务的集成效率和降低高耦合风险，我们常见的小程序框架接入模式和 SDK 代码包集成模式就是很典型的例子。

这些也是产品经理在整个项目版本管理过程中需要管理和把控的，这些外部资源组件的稳定性、功能完整度、体验一致性、兼容性等问题都需要形成标准制度进行管理，如外部支付 SDK、统计 SDK、安全 SDK、金融科技验证 SDK、风控 SDK 等，还有一些内嵌的运营活动等，在实际工作中如果遇到都需要进行对应方案制度的建立。产品项目的管理过程除了宏观维度的管理，这些具体执行层面的事情和方案的分享会显得更加宝贵。

有几类比较实用的管理制度和文档，需求池管理清单表、多需求优先级自评打分表、项目里程碑及进展轨道图，在后续的版本迭代管理的章节里还会有更详细的介绍。

**4. 四象限之四：迭代**

产品在经历了定义、设计、开发和测试等诸多环节后，终于要上线了，而这时候的产品经理还需要承担临门一脚的工作。

针对移动端 APP 而言，APP 最后的上线需要发布到应用市场，而上线到应用市场前，还有很多的工作需要去完成，包括 iOS 的 APP Store 和 Android 各类应用市场所需的产品介绍文案、宣传物料图片、版本更新文案。金融类的 APP 还需要提交金融类的资质认定材料，必要时还需要进行审核过程的相关配合及沟通。在提交市场前，还有一个很重要的工作，即 ASO 优化，通过 APP 标题、描述、关键词等信息的优化提升 APP 在市场中的排名和相关权重。这些工作在某些公司是运营经理负责，但在很多公司也是产品经理需要了解的工作范畴，多了解些总是好的。

上线后，数据分析的工作就提上了日程，上线第二天就要开始看数据并进行分析。所以提前的数据埋点和数据口径及指标的确认就很重要，这些需要在前期需求文档里提及并完成开发，以保证上线后可以看到对应的数据。很多产品经理在最开始的需求阶段忽略了数据埋点的事情，或者埋点需求不完整，造成后期看数据的时候很多数据无法提取，达不到有效分析的目的。

至此这个产品就完成阶段目标了，产品经理通过数据分析和需求池内需求的继续收集和排序进行下一个版本的定义、设计、管理和迭代工作，继续下一个轮回过程。

一般移动端 APP 的版本迭代周期是 35 天，也就是 1 个月左右发布一个新的版本是比较常见的节奏。时间太短，用户升级的负担会变重，研发压力也会比较大。太久的话也不是很合适，毕竟你的需求池还有很多功能在排队，还会有新的需求不断加入。

以我曾经负责的一款综合金融类 APP 为例，版本节奏分小版本和大版本，小版本最快 20 天会进行一次版本升级，如这个版本引入了一个较大的功能模块，例如收银台模块改造，则称为大版本，会基本保持 40~45 天升级一个版本，正常的 APP 发版升级也基本符合这个节奏。

这里补充说明一点，目前移动端的技术也在不断升级，很多非核心逻辑层的功能已经可以支持动态下发了。同时，具有根据用户标签和业务特性的云端控制和云端动态配置化的产品能力也是趋势，后台的配置可以实现很多界面元素和卡片内容的变化。不发版就可以上线业务和升级新功能的技术能力已经越来越成熟了，通过产品功能的提前设计预埋，结合新技术手段的加持，实现所谓的千人千面策略和云端下发能力。

至此，产品生命周期四象限和其中涉及的环节就谈完了，有些人可能暂时没有按照我所讲的这套完整的产品生命周期过程开展工作，不管如何，都希望我的思考过程和工作经验可以为你的后续产品运营工作带来启发。

同时，如果再次在产品经理面试时遇到类似的题目，可以尝试按照这套产品生命周期四象限框架对你的工作产出和业绩进行结构化的梳理和面试表达。上面提及的一些具体工作环节，后续章节我会选择一些比较有实操性和学习价值的部分进行展开论述，主要集中在竞品分析、需求洞察、原型设计、PRD 和项目管理几个部分，分享一些不一样的看法和我亲自实践过的高效执行思路。

## 4.2　有效竞品分析方法

观行业、明竞争、洞自身、找差异、探机遇。

知名的战地摄影记者卡帕曾经说过："如果你拍得不够好，那是因为你靠得不够近。"作为互联网产品经理，在初期设计阶段，对竞品的了解和持续分析，可以让你快速了解产品概貌和找到项目启动的抓手；在产品的发展阶段，在同质化的功能中寻找差异化的生存机会，竞品分析和借鉴升华可以实现弯道超车。

竞品分析是产品经理的基本技能，也是初为产品经理时最基础的练习作业和学习内容。下面对了解竞品分析、撰写竞品分析报告、升华竞品分析三部分进行论述。首先了解什么是竞品分析，明确为什么要做竞品分析；然后学习获取竞品信息的常见途径和竞品分析报告的撰写框架；最终学会竞品分析的基本概念和撰写思路。本部分内容能够帮助读者快速找到有效的信息，运用竞品分析方法论和撰写技巧，独立完成一份竞品分析报告。

### 4.2.1 什么是竞品分析

知己知彼，打好基础，百战不殆

竞品分析是对竞争对手的产品及功能进行比较分析的过程，是一种带有主观性的横向分析过程，通过对多个产品的整体架构、功能模块、交互设计、商业模式、产品运营策略等进行多维度横向对比分析，最终获得目的性的结论，实现结论的输出和借鉴。

产品经理在设计产品之前，都会做竞品分析，即对竞争对手的产品进行比较和分析。竞品分析报告可以让产品经理随时了解竞争对手的产品和市场的动态，掌握对手的产品策略、资本背景，保持对市场的敏感，同时为自己的产品决策提供参考的依据，能够获得合理的切入点，并能够快速地在市场中调整并保持优势。

在做之前，需要思考三件事情：竞品做了哪些事情？这些事情是怎么做的？竞品的优点和缺点分别是什么？按照这样的思考路径研究、分析、总结。

竞品分析的最终目的是使自己的产品在市场竞争中取得胜利，能够从竞品中汲取一些优点。如何评估一份好的竞品分析报告呢？

**1. 评估竞品分析的四个有效性原则**

竞品分析报告可以给公司和业务带来价值，所以有效的分析十分重要，评估有效性，可采用四个原则。

（1）定位原则

在开始竞品分析前，一定要了解竞争对手的服务人群是谁，找到产品背后的服务人群和人群属性，也就是找到用户画像，通过用户画像的细化找到竞品的定位，从而判断对方产品和自己产品的契合度，选择最吻合的产品作为要分析的产品。

（2）筛选原则

竞品较多时，要选对分析对象，选择重于分析，分析重于罗列。选择最典型竞品或者与自身有直接竞争关系的竞品进行分析，可以提高分析报告输出的效率。

（3）目标原则

竞品分析报告会用在什么场景？会给谁讲？不同场合下，表达方式是不太一样的。如果竞品分析报告是团队内部分享，分享范围会比较小，这种情况下重点说清楚分析过程和思考结论，表达形式上没有太严格的要求。如果竞品分析报告需要在高层会议上展示，相对来讲内容要更丰富，建议输出为 PPT 格式，逻辑性、版式、美观度，分析图表权重等方面也有更高的要求。还有一种场景是新产品启动。很多新产品启动时，需要产品经理去做竞品分析报告，竞品分析报告有助于启发产品设计思路，确定第一个版本的核心功能，找到初始定位。还有一种场景是产品已经上线，但是需要优化其中一个功能或模块，而这时候产品经理没有太多的想法，或者想法还不是很确定，就需要学习其他产品是如何设计的，快速找到类似产品模块去学习借鉴。

（4）受众原则

这份报告给谁看？不同的受众决定报告撰写的方式和颗粒度会有所不同，决定报告的撰写形式是 WORD、PPT 或纸上画图，甚至是口述。

撰写报告需要花费大量的时间，除了选对竞品外，根据具体场景来选择最合适的表达方式也十分必要。用好有效性评估的四个原则，可以打好基础，提升撰写效率。

**2. 竞争品类的分类**

撰写竞品分析报告前，要对竞品的品类有清晰的了解，竞争品类主要有以下 4 类。

- 直接竞争类：产品定位（目标方向、目标用户需求、产品功能等）相似，这一类是最容易找到也最需要时常关注的竞品，也是最需要重点去分析的。

- 间接竞争类：产品受众人群可能相似，但是功能需求不太相同，或者产品的商业模式不太一样。
- 潜在竞争类：行业类型相近，但是不会直接产生正面竞争。
- 隐形竞争类：直觉会让你认为其和你的产品完全没有关系，行业也不一样，使用的人群感觉也不是一拨人，但是会在某个场景下产生化学反应。

举个例子：滴滴打车的直接竞争对手很容易想出来，如滴答打车、首汽约车等，这种模式很相近的产品就是直接竞争类产品；间接竞争类产品是一些租车类软件，如神州租车、某些大型商务租车APP；潜在竞争类产品则是其他的出行工具，如高铁、大巴等。这里你可以思考一个问题，滴滴打车的隐形竞争类产品是什么呢?

记住：先以分析直接竞争类产品为主，这样能够快速对标，更有实际价值。

**3. 竞品分析报告和产品体验报告的区别**

很多新人都有一个疑惑，竞品分析报告和产品体验报告的区别是什么?

其实，竞品分析报告和产品体验报告的区别很简单，核心区别是你的身份和角色的差异。竞品分析报告是我们在A公司去分析B公司或者C公司的产品。如果你现在是A公司的新入职的员工，入职后一定会体验自己公司的产品，给老板提一些意见和建议。这种情况下你撰写的产品分析报告就称为产品体验报告，只是因为角色不一样，所以名称会有区别。

## 4.2.2 为什么要做竞品分析

针对不同场景，明确目标，选对方法，事半功倍

**1. 三类场景的分析目标差异很大**

在进行竞品分析前，先确认当前处在什么样的阶段，并明确分析的场

景。下面列举三类常见的分析场景，并逐一分析场景和对应的分析目标，如图 4-2 所示。

| 了解态势<br>初期找产品定位 | 借鉴他人设计<br>加速自身成长 | 防御性准备<br>提前储备认知 |
| --- | --- | --- |
| 行业<br>客群<br>核心功能 | 核心功能<br>交互设计<br>体验正负反馈 | 客群<br>运营增长<br>体验正负反馈 |

图 4-2 三类场景下的分析目标

第一类最常见，“了解态势，初期找产品找定位”。一般在研发产品 1.0 版本之前，产品经理需要了解整个行业的态势，了解市场上的直接竞争对手，以便为自己的产品定位，并且确定 1.0 版本需要的核心功能点和产品模块优先级。这种情况下，竞品分析报告侧重三个方面，首先是对行业数据及行业态势的分析，然后分析竞争对手的用户画像和客群属性，并且明确这些客群和自己的产品客群的契合度，最后是核心功能和交互功能的使用和研究分析。例如，一家初创的企业，准备做一款社交 APP，产品还没有上线，产品经理承担很重的责任，需要确定产品的方向和核心功能。

第二类场景是“借鉴他人设计，加速自身成长”。如果你的产品已经上线，在迭代的过程中，还需要不断地去增加新的功能，扩展新的模块，提升竞争力。在这种情况下，产品经理会了解其他产品的优势，找到市面上最近比较流行的，或者体验比较好的，或者口口相传的好产品、功能模块和活动形式，通过分析，更好地取长补短，提升产品意识。在这种情况下，重点会分析三部分，首先是分析产品的核心功能，然后从产品营销角度进行研究分析，最后从用户反馈和外界评价等维度进行信息收集。这时候不仅要从产品功能、产品逻辑和产品流程出发，也需要从界面美感设计、交互体验和实际感受角度进行分析。例如：一款金融类的软件，需要增加一个快捷记账的功能，此时需要去调研记账模块的产品都有哪些，并且体验竞品的核心功能、交互设计和参考用户反馈，同时整理比较独特的交互逻辑，或者是产品的细微设计，了解用户平时会记录哪些账目信息，这些都是分析的重点。

第三种场景是“防御性准备，提前储备认知”。在实际工作中，很多时候你所在的领域突然出现一些新的机会或者创新的玩法和模式。在这种情况下，你需要有敏锐的触觉去探究学习，通过防御性的竞品分析来寻找新的机会点。你可以先分析客群，了解这个竞品所服务的客群是不是高价值的客群，是否有未来的商业价值。对竞品进行数据分析有助于我们寻找新的增长思路，例如互联网金融平台是否可以接入电商模块，是否可以尝试线下社区生活服务等。举例来说，2022 年电商直播很火，你的公司现在不在这个领域里，但想了解新的领域，希望你去帮助公司做分析和调研。在这种情况下，你需要了解电商直播的客群是谁，了解常见的软件和平台都有什么，同时需要了解目前的发展情况和增长趋势，以及目前的运营手段和背后的优秀团队和口碑情况。

分析竞品是有方法的。第一个比较常用的方法是 SWOT 分析法。SWOT 分析法可以展示为一个四象限图。四象限分析能够帮助我们快速地找到竞品的优劣点和自己的机会点，如图 4-3 所示。

| | |
|---|---|
| S（Strengths）<br>优势 | W（Weaknesses）<br>劣势 |
| O（Opportunities）<br>机会 | T（Threats）<br>威胁 |

图 4-3　SWOT 分析法

另外一个是 5W2H 分析法，又称为七问分析法。5W2H 分析法是第二次世界大战时美国陆军兵器修理部创造的。该方法简单、方便、易于理解，并且富有启发意义，广泛用于企业管理和产品设计工作。七个问题是：为什么（Why）；做什么（What）；何人做（Who）；何时（When）；何地（Where）；

如何（How）；多少（How much）。这七个问题可以帮助我们不断地剥茧抽丝，找到最核心和最重要的内容。

### 2. 获取竞品信息的途径

分析竞品前，要做的是收集信息，我们可从两个方面学习如何更有效地获取信息：第一，确定需要获取的信息；第二，确定获取信息的渠道和思路。

需要获取的信息主要分为三大类。第一类是行业背景信息，主要是一些宏观的行业信息、竞争格局和目前自己的产品所处的位置，以及竞品目前在整个行业中的位置和整体竞争力。第二类是产品设计信息，包括软件背景、基本信息、客群属性和客群分类、历史版本迭代等信息。历史版本迭代信息很重要，竞品的每个历史版本升级内容的信息，会给竞品分析带来很大的帮助。通过历史版本的分析，我们可以发现产品的历史发展脉络，了解历史上比较重要的产品迭代功能和演进过程，这些信息都会写在历史版本的迭代记录里。产品经理的设计思路也是值得学习的。很多产品经理都会在网上做一些经验分享，访问官网、微博和一些产品经理的公众号等，找到这样的文章，有助于我们更好地了解产品的设计理念和背后的故事。第三类是数据及运营信息。很多运营策略，包括产品的核心数据指标，也是竞品分析报告里面不可缺少的内容。这些产品的基本指标，如日活、下载量等基本数据，可以通过一些数据分析平台和信息渠道获取。一些运营策略和运营活动的分析也很有参考价值。

产品分析报告的三类信息如图 4-4 所示。

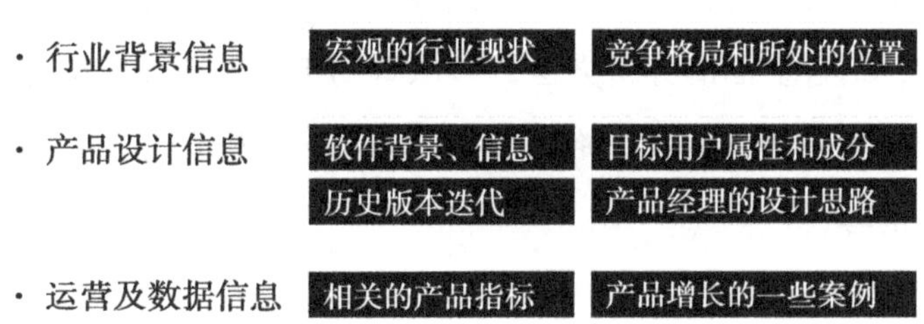


图 4-4　竞品分析报告的三类信息

常见的获取信息的渠道和思路如下所述，仅供大家参考：

- 从内部市场、运营部门，政策研究部门等收集信息；
- 行业媒体平台、论坛、群，搜索引擎；
- 公司内部建立产品信息收集讨论小组；
- 调研核心用户、活跃用户的需求；
- 竞争对手官方网站、交流互动平台、动态新闻、产品历史更新版本、促销活动；
- 季度 / 年度财报；
- 各大人才网站同行业人才简历库、对方博客、官方网站招聘信息；
- 通过百度搜索引擎找到同行业的企业官方网站及行业信息；
- 试用对方产品、联系客服咨询、技术问答社区沟通；
- 主动通过网络咨询渠道约见对方的产品设计师进行讨教和咨询。

很多人撰写竞品分析报告时，都会从公司官网和公司的财报里找到大量的有用信息，包括产品策略、未来走势等。还有一个比较好的获取信息的方法，就是通过一些网络社交和咨询渠道找到对方的产品设计师或者运营经理，如在行、脉脉等，当面讨教或咨询，从侧面了解我们想要了解的信息和知识，不断加深我们对竞品的理解。

### 4.2.3 竞品分析报告框架及撰写技巧

**利用模板和框架，站在成熟经验的基础上前进**

竞品信息是多元化的，信息的总结和提取是最终目标。这里提供一份报告撰写框架，结合上面的分析方法，可以有助于读者更加结构化地撰写竞品分析报告，让竞品分析报告的格式和条理更清晰。框架分为七部分，从上到下依次进行撰写：

- 行业背景、数据；
- 产品定位、目标人群；

- 信息及页面架构图（或思维导图）；
- 核心交互和竞品截图，建议使用流程图来表达；
- 关键页面流程的体验及建议；
- 发散思考，可以针对运营、技术、美学等维度进行分析；
- 得出结论，给出建议，同时总结可以学习借鉴的优点。

最后分享几个小技巧和建议，撰写竞品分析报告时需要格外注意，避免踩坑。

- 竞品分析报告的模板很多，框架不需要完全照搬，按需调整；
- 报告的章节顺序需要有模块化逻辑，逐一展开；
- 内容的搜集需要提前准备，撰写效率会提高；
- 学会搜索和归纳，学会利用搜索网站；
- 报告最后需要给出你自己的建议和想法；
- 注意排版和美观，体现你的职场专业度。

知己知彼，百战不殆。做好竞品分析对后续产品设计有着重要作用，有助于打开自己的视野，寻找产品设计的突破口和差异化增长的抓手。

## 4.3　场景、需要、需求三步法

### 4.3.1　从基于用户需求到基于场景的方法论转变

**理论满天飞的时代，贴近实际工作的方法论更珍贵**

前面讲到产品经理需要按照完整的产品生命周期去策划和设计产品，从而保证产品的最终落地。在整个过程中，产品经理需要经历定义、设计、管理、发布迭代这四个象限，而定义的环节是最重要的一环。如果大家关注过每年的产品经理大会和互联网运营大会这样的大型行业峰会，会发现一个有趣的现象。2018 年前，大会主题和分享的内容基本都是围绕产品设计、产品思维、交互体验设计、项目管理等，反映的核心思想是产品经理要重视用户需求，懂得如何理解用户并能够设计出来让用户尖叫的产品，同时，大量的产品经理新人涌现出来，某些方法论和产品思维理论也是大家耳熟能详的，如 SWOT 分析法、5W2H 分析法、KANO 模型、海盗模型、人性七宗罪认知模型、金字塔模型、极简设计模型等。2019 年，行业的风向和有关信息传播的思想导向在发生变化，业内人会在实际工作过程中体会到这种变化，甚至已经为此进行了大量的新知储备以及工作内容和工作汇报形式的调整，分享主题围绕这些内容展开：打造持续增长的产品；基于场景的需求洞察；精益获客的产品思维；从产品设计到规模化扩张。2020 年的爆款图书、网络课程和一些会议的主题，都开始聊增长策略、经营策略、差异化客群分层、场景拆解以及 KYC（Know Your Customer）等。这是因为流量越来越贵，获客越来越难，在产品同质化的时代，产品体验优良已经作为标配存在，大家从拼产品体验转为思考如何更深入地了解、洞察并最终服务和留住用户，从而形成自己的私域流量池和自己的经营客群。服务好客户是新的思维高度和前进驱动力。

所以，本章节从目前最时髦也是最重要的产品增长的理念出发谈谈个人的理解和心得，聊聊基于场景思维的用户洞察和需求挖掘，并结合一些案例，用最通俗的话语讲清楚一些名词术语和新知对我们未来学习和工作的价值。

### 4.3.2 需要和需求不是一件事

入行这么久，你对这两个词真的理解透彻了吗?

很多人对“需要”和“需求”的理解存在偏差，这里结合我对产品的理解，一起看看背后的逻辑。我们先看三个例子。

①下午 1 点，一名大学生躺在学校宿舍的床上专注地打游戏，说：“我饿了，但不想动。”

②上午 11 点，在召开部门例会的会议室，领导说：“小山，我们 APP

的用户登录率数据表现不太好，你想想办法，最少提升 20%。”

③晚上 8 点，一名业务运营部门的同事跑到你的工位，说：“小山，我们准备下个月做一个圣诞节活动，审批了 300 万活动经费，运营部门这边想做一个线上的抽奖活动，类似大转盘那种样子，你看看我的这个运营需求怎么排期？”

作为产品经理，你看到这些后的第一反应是什么？哪些属于需要，哪些属于需求呢？

在我看来，以上这些都称不上需求，全部是需要。

每一件事情都是当事人站在他的角度对对方提出的想法和需要，希望得到应答、理解和满足。

在拆解案例前，我们来明确需要和需求的含义。需要是 Need，需求是 Requirement，需求的后面才是解决方案的产出物——产品需求文档（Product Requirement Document，PRD）。

第一个案例的主角是一名大学生，他的诉求很普通，属于基本温饱需求，但是场景很特殊，是在下午 1 点的宿舍床上。大家肯定会说，打开手机点外卖就行了，很简单的事情。但是我们仔细思考，这个诉求有几种不同的解决方案。

- 他可以请宿舍的同学帮他带一份回来；
- 他可以打个电话让女朋友（如果有的话）送饭；
- 他可以使用校园跑腿服务申请有偿送餐服务（很多校园都有类似服务，一般通过公众号或者微信群实现）；
- 他可以选择不吃，看看美食短视频望梅止渴、画饼充饥；
- 他可以自己打开外卖 APP 订餐，但是外卖送到后还是没办法进校园，最后一千米的配送还是一个问题。

居然有这么多的解决方案可以满足这名大学生的诉求！这就是产品经理的专业思维，有洞察力和理解力。

第二个案例是我们经常遇到的场景，领导质疑你的产品数据，希望你能做得更好，但是他并没有给出建议和解题思路，只是希望数据表现可以更好。这也不能算为需求，它就是一个需要和命令。案例中提到的是登录率提升的问题，而我们知道一个 APP 的登录率数据不符合预期有很多的原因，有可能是产品体验和交互逻辑的问题，也可能是短信验证码发送通道到达率的问题，也可能是用户登录和需求意愿度的问题，也可能是最近的客群质量发生了变化，还可能是存在隐性的 BUG，还可能是数据分析平台统计口径和埋点出现了偏差。这些你都需要排查，找到解题思路并产出需求清单和需求方案。除了思考现有的产品能力外，你还可以引入新的产品方案，比如接入移动运营商的一键登录（通过接入移动、电信、联通的一键登录 SDK 模块，用户无须手工输入手机号码，系统直接读取用户手机 SIM 卡的手机号码，实现免密码免短信验证的快速登录的方案，案例可参考抖音、京东、度小满金融等 APP），简化验证流程，缩短操作步长等方案。这些都是创新的思路和给领导的建议方案，体现你的专业度和产品思维，给出最优解。

这个案例的背后就是我们的日常，你除了听话外，还需要尽快出活！小小案例体现了产品经理的知识全面性。

第三个案例是团队内部合作的一个场景，产品经理除了负责自己的需求迭代外，对接运营和其他支持部门的需求也是很重要的一件事情。尤其是运营类的需求，在目前全民聊增长的今天，更需要认真对待并进行相应的设计。就拿百度公司来说，每个月都有月度活动，每个季度有 1~2 次季度活动，每年还有 1 次大型促销或者大的品牌联合活动。此外，基于不同的金融客群还会有一些有针对性的定向活动和投放策略，所以运营需求繁多。而不同的公司，运营部门和产品部门的关系也是有差异的。很多公司的运营经理会承担一些产品设计和策略设计的工作，有的公司的运营经理则更多地依赖产品经理。这个案例就是一个相对极端的案例，运营部门在这里的角色和内容传达并不充分，甚至连所谓的需要（Need）都没表述完整，只是一个初步的活动设想。

如果我们把这个活动思路拆开来看的话，后续还要做的事情有活动预算的拆解和对应奖池的设计、中奖概率和成本核算、活动人群确认和活动中奖策略关联、活动玩法形式确认和设计、后台系统设计和数据分析系统设计，甚至还会考虑整体功能的可复用性设计，方便后续类似活动可以模块化快速输出，提升活动上线效率。这些都是实实在在的从需要（Need）到需求（Requirement）的转化和落地过程。

所以，产品经理在现在的工作岗位上不要给自己设限，运营岗位和产品岗位的界限越来越模糊，而产品经理需要做的就是“侵蚀”对方的知识领地，综合自己的产品把控能力和需求理解能力，使知识体系更完整，有责无界地对待每一个产品和运营活动。

我们再举几个案例，看看用户的需要如何被恰当地满足。

### [案例 1]　听歌软件的故事

**“如果需要你设计一款听歌软件，请用最简单的话语说出这款听歌软件要满足的核心需求是什么。”**

据说这是俞军老师当年面试李明远的一道题。很多人纷纷给出了自己的答案，少则一句话多则一篇文章。大部分人会说需要有搜索功能、能看到歌词、可以下载歌曲、有歌曲分类列表、音质好不失真等。其实这道题李明远给出的答案很短，就四个字——“有歌，能听”。

这个答案是不是很简洁，让你豁然开朗？有歌曲，可以播放出来让用户听就是听歌软件要满足的最核心的诉求和需要。而有弹幕、有歌词、能下载等功能都不是本质，是满足本质需要的产品功能点。当然这些功能都是有价值的，也是我们逐步迭代需要实现的，但是每个功能点都是有目标的，以目标驱动和需求驱动的原则去思考，很多功能点的优先级并没有那么高。

这个答案让李明远拿到了百度产品岗位的 offer。这道面试题的答案一定不是唯一的，但是反思这道面试题的出题初衷，这个答案是出众的。抛开原型界面样式、交互跳转逻辑、附加增值功能，找到最本质的需要才是高手。

### ［案例 2］ 手机借款软件的故事

**“一句话说出你认为的正规线上现金贷软件的用户诉求本质。”**

这同样是一道面试题，是我 2019 年给初级金融产品经理应聘者的题。面试者的回答五花八门，很多人给我提交了详细的竞品分析报告和用户画像报告，展示其思考过程。不得不说这些报告很优秀，但是不够简单。如果非要让你用一句话来表达的话，你会怎么说？最终，有两名面试者脱颖而出，一个人提交了完整用户画像分析报告和思维推导过程，另外一个人只给了我一句话——“有钱借，借到钱。”

为什么是这句话打动了我？看似一句废话，但是从这句话可以看出面试者对现金贷的产品逻辑和业务逻辑有自己的理解和研究。首先是“有钱借”。我们知道一款现金贷的产品，最核心的功能就是放贷，接受用户的资金申请，安全合规地将平台资金通过合规的通路和合适的 Offer 发放到用户的银行卡账户中，实现用户的资金周转。所以“有钱借”这三个字满足的是用户对 Offer 的需求。用户在每个现金贷平台可以获得的额度都是不一样的，这个取决于平台对用户的风险识别和风险定价，同时还由平台自身的一些资金及经营策略综合决定。而用户希望在平台拿到最高的额度和最低的利率，即拿到有竞争力的、合适的、符合其心理预期的 Offer。然后是“借到钱”，用户在一个现金贷平台拿到 Offer 后，除了对额度和利率是否满意外，能否最快速拿到钱也是其体验的一个重要方面。很多用户虽然拿到了额度，但是不一定能全额借出或者说在不同时间段会有些变数。

### ［案例 3］ 沙县小吃的故事

沙县小吃我相信很多人都吃过，它是源于福建的一个小吃品牌。在这个小吃店里面吃饭的人的诉求和最核心的需要是什么？便宜、快、能吃饱。用其实很简单，你懂我，在我需要你的时候恰当地出现在街边，一盏灯、一瓣蒜、一碗面就够了，就很满足。

---

生活总是给我们很多启发，让我们学会观察和体会百味，这也许就是产品经理的思维和执着。以上内容可以总结如下，同时引出对“场景”一词的深入解读。

- 需要依托场景；
- 场景发现需求；
- 需求落地方案；
- 方案满足场景。

用户的每个需要一定是需要关联特定场景的，只有找到了场景才能从中发现价值和需求点，不管是痛点、痒点还是爽点，通过需求的洞察和梳理来进行产品方案的设计和产品需求方案输出，最终我们的产品在实际使用和运营过程中不断满足场景和扩大场景认知，不断服务用户和满足场景背后的那一群人。

### 4.3.3　场景的背后是一群人的可能性

谈完需要和需求，我相信大家对这两个词有了新的理解，也能更好地区分两者。我们在日常工作中表达需求时，也尽量多说需求，少说需要。

场景、需要和需求的关系是很紧密的。接下来一起聊聊场景。

**场景 = 可能性 +KYC+ 流量认知。**

场景在某种意义上，是一种假设的条件。场景是关于用户如何使用你提供的产品去完成特定目标的一个参考标杆。我们对场景的定义和理解越具体，目的和打法就越清晰，越能够贴近用户受众，从而产品就越“有用”和有经营性，通过不断试验和验证来迭代我们的理解，你就越能知道自己目前在干什么、未来该干什么。这就是基于场景的产品设计和精益获客思维。

同时，我们发现一个现象，越贴合目前用户诉求的产品，这个产品的场景定义和拆解就越细致。例如，一杯咖啡，里面大有学问，抛开复杂的咖啡豆品种和制作工艺不谈，我们可以思考：为什么美国人更喜欢速溶咖啡，德国人更喜欢浓缩咖啡；在杯子的选择上，为什么法国人更喜欢用陶瓷杯喝咖啡，日本人更喜欢用纸杯喝咖啡；背后的场景发生了什么变化；人群的属性又有什么差异性。不同的文化、教育、风俗、生活节奏、消费认知等都影响着细节，场景必须更加细化，从而增加匹配成功的可能性。

所以在可能性不断扩大的基础上，你还需要了解你的客户（Know your customer，KYC），通过各种手段和场景搭建充分认知你的客户。KYC 已经是国际社会中所有金融活动中必不可少的环节，主要用于预防洗钱、身份盗窃、金融诈骗等犯罪行为。增加用户有效信息认知厚度的能力是金融公司不断的追求，同时，客群和流量的差异性十分复杂，能更好地认知流量和认知渠道，可以最大化地降低成本，更多、更快、更好地赢得符合我们业务匹配度和风控承载范围的优质用户。

在互联网金融公司的日常工作中，产品经理经常会遇到如下的一些场景。

- 商业投放部门同事说：最近渠道投放的成本太高了，每个渠道的转化率差别很大，我们需要开发一个区分渠道和客群的差异化落地页配置功能。

- 合规安全部门同事说：最近金融欺诈事件有所抬头，风险表现较高，我们需要对用户强化风险提示，整个行业都在做类似的事情，我们要尽快出一个产品方案。

- 用户接受线上用研访谈时说：你们的金融 APP 给我的信贷额度太低了，体验也不好，我目前也不需要钱，暂时不借钱，我先考虑考虑。

第一个场景的解决思路和落地方案是设计一套分客群和分渠道的配置系统。第二个场景的解决思路和落地方案是对用户容易被欺诈的核心节点设置差异化的风险提示弹窗。第三个场景的解决思路和落地方案是衍生出一套用户全生命周期的触达系统。

这背后就是基于场景的增长思维模式。我们现在所处的时代已经从强调产品设计转变为更重视获客增长。很多互联网公司都成立了独立的用户及业务增长部门来牵头开展整体流量和用户增长的工作。对产品经理来说，未来的高价值成长方向一定是对业务的深刻理解和在获客增长领域的经验积累。

## 4.4　被忽略的流程图和结构图

在聊到产品经理的基本技能时，很多人都会说，作为一名优秀的产品经理，一定要有逻辑思维能力，做事和思考时都要有条理性，能够结构化地表达自己的想法。

在实际的产品设计工作中，必不可少的两项输出物就是流程图和结构图。这两项输出物不仅重要，而且需要先行完成。尤其是新接手一个相对复杂的项目时，产品经理往往不知从何入手，这个时候除了使用思维导图这样的思维工具整理脉络外，更完整和体系化的思维工具就是流程图和结构图。

### 4.4.1　生活中无处不在的流程图

从生活场景出发，重新回味其中的奥妙

流程图对每个人来说都不陌生，我们的生活中到处都是各种流程。流程图像一条线串起了我们每一天 24 小时的每一刻。而我们是否真正思考过一件事，如果让你把生活中的一件事梳理成一份流程图的话，你是否可以很完整地把每个环节点、主流程行为事件和异常及分支流程事件都整理出来呢?

我们来思考一个日常事件的流程图，即乘坐地铁上班。流程起点是地铁 A 站的进站口，终点是地铁 B 站的出站口。在整个过程中，我们按照最顺利的流程完成这件事，看看所包含的几个核心节点：地铁 A 站进站口→进站闸机→地铁车厢→地铁 B 站出站闸机→出站口。

这是第一步，梳理核心节点。下一步我们需要梳理节点中的行为事件，完善后如下所示：

到达车站→地铁 A 站进站口→排队→进站闸机→刷卡→站台等待车辆到来→上车→地铁车厢→下车→地铁 B 站出站闸机→刷卡→出站口大门→离开车站

加入了行为事件后，整个流程更加完整。这时候我们只是完成了最基础的一个流程图，这是一份乘坐地铁的主干流程图。

在梳理了最基本的主干流程后，我们继续思考整个流程中的每一个节点是否存在一些不确定性和异常情况？这些非正常的分支以及对应的处理过程才是流程图中最难思考周全的地方，也是绘制流程图时最重要的部分。

乘坐地铁时，可能会遇到一些突发事件，这些事件可能分为两种：主观事件和客观事件。主观突发事件可能有：忘记带卡、卡消磁、卡丢失、上错车（坐反方向）、坐过站、卡片余额不足等。客观突发事件可能有：站点关闭、排队人数过多导致站点限流、闸机识别卡片故障、被闸机闸门夹到受伤、车辆及轨道故障导致停运晚点、上车后的车辆行驶故障、出站时的闸机故障、出站口临时封闭等。

这些突发事件列入我们的主干流程中会分布在不同的环节点中间，形成繁杂的分支流程。而我们除了要把这些异常点和主干流程合并外，还需要处理这些突发流程的逻辑流转，应对突发事件，也就是通过菱形图进行“yes 或 no”的判断，然后给出后续的解决路径。

例如，进站时进行闸机刷卡时，就会有一个判断分支——是否带卡。如果是“带卡 yes”，则正常走后续流程；如果进入“未带卡 no”，则需要补全未带卡的后续流程，如补办卡、回家取卡、离开车站等。这样流程图就枝繁叶茂起来了。

上面我们梳理的是行为维度的流程，也就是人（进站乘客）和物（车站整体）的交互流程。如果是聚焦某一个物体的流程，流程图会更加复杂。例如，我们聚焦闸机刷卡这一个瞬间时，闸机这个设备本身的工作流程又如何呢？正常流程为，刷卡→识别成功→开闸，如果识别失败，则有 N 种失败情况和后续处理逻辑。这种流程就是这个设备的设计者需要绘制的产品功能流程图。

### 4.4.2 如何画好互联网产品的流程图

看似简单但是最能拉开能力差距的流程图

希望上面的案例讲解能使大家认识到流程图的价值和绘制思路，流程图在实际工作中好处多多，总结为如下几点。

- 有助于对前期需求归纳和产品设计思路的梳理，提高后续绘制原型和输出文档的效率。
- 更好地发现主干流程以外的异常流程和分支功能。
- 对于多业务线合作和多系统合作的项目，可以避免业务分支遗漏，明确工作配合的权责界限（这种情况推荐使用泳道图进行多角色的流程梳理和环节点划分）。
- 完整的流程图为后续绘制功能结构图和梳理页面清单提供依据和参考样板。

在互联网金融的产品服务中，有一类业务叫泛金融服务，如手机话费充值、水电煤生活缴费、汽油卡充值、电商购物、游戏虚拟币充值等。在支付宝、京东金融、苏宁金融、度小满等综合金融类 APP 都会看到这些服务模块，它们是综合金融平台中除了信贷、理财、保险等金融服务外的常见产品服务模块，核心目的是提升综合金融 APP 的活跃度，通过这些相对高频的业务拉动低频金融业务。

下面以一个泛金融业务“点外卖”为例介绍流程图的绘制心得，看外卖的用户流程和业务流程的差别和共性。

前面提到了，我们拿到一个需求时，先进行定义，使用思维导图梳理思路的过程是散点整理的过程，而流程图是串成线，完成一个一个事件串联的过程，最后通过架构图形成面。

我们先来设想一个非典型用户的完整订餐流程，从开始订餐到服务完毕会经历的环节：

- 饿，订餐；
- 打开手机进入某 APP 的外卖业务；
- 登录（领优惠券）；
- 选店—选品—下单；
- 等待；
- 催单；
- 餐到了，取餐；
- 用餐；
- 发现没给筷子，发现异常物；
- 联系客服和店家；
- 投诉—得到补偿券或退款；
- 评价；
- 结束；
- 第 N 天，获得优惠券—继续使用。

以上是从用户角度梳理出来的流程，每一个流程背后都有对应的产品模块来支撑，我们可以思考上面提到的每一步都需要什么样产品模块、前台页面以及后台功能？

从产品经理的角度拆解整个流程，整体是从获客到服务的全闭环，其中涉及很多产品模块，抽象成互联网产品功能和对应的流程如下：

- 注册登录；
- 首页信息列表、店铺详情、选品选套餐、优惠券选择、比价推荐；
- 订单系统、线上支付；
- 服务进度实时跟踪、订单催单；
- 投诉模块、客服跟进、售后处理；
- 评价模块；

- 用户行为分析，复购唤醒及激励。

这样一个司空见惯的泛金融业务的消费场景，产品模块还是很复杂的。所以通过这样的梳理，产品经理可以快速形成对产品设计思路的认知，快速上手开展工作。

我们站在用户角度梳理流程的过程也是梳理用户需求的一个过程，发现最核心的需求和最重要的流程，在设计时就可以抓住核心点进行优先级的取舍，然后相应的需要设计的产品功能也就很清晰地梳理完成了，这是一个很好的工作方式。

### 4.4.3　屏幕一旋转，结构图就出来了

结构化表达是基本功，绘制结构图是一项高阶 PM 技能

前面讲到了思维导图是散点，流程图是串成线，完成事件的串联，那么绘制结构图就是形成面的过程。很多人经常问我什么是结构图，什么是架构图。我举个例子，大家就明白了，一个公司的组织架构图大家都见过吧，最顶部是 CEO，下面一层是总经理，然后是副总经理，再往下是高级经理，然后再下面一层是经理和员工，这样的有多层级逻辑和多层级关系的图就是结构图，或称为架构图。产品结构图的核心是层级关系，同时表达页面、模块或者组件之间的关系。

结构图的快速输出是有技巧的，前面提到了流程图的重要性，流程图绘制完整后，在绘制结构图时，试着把流程图向右旋转 90°，按照模块的层级结构，仿照企业部门组织结构图的方式进行绘制，就可以生成一份基础版本的结构图。这个办法适合流程图清晰，并且已经形成具体产品模块的场景，也适合新人在学习产品设计时快速上手。当然，针对一些大型的产品或者业务框架图，我们还是要单独进行抽象和信息归集后绘制更为专业和有思考高度的产品框架图。产品结构图有两种基本的分类方法：一类是按照页面进行梳理，这样的方式适合简单的产品框架或者单一模块，如首页、店铺列表、

店铺详情、下单填写页、订单结果页；另一类是按照业务线、产品模块，或者产品能力进行梳理，如上面提到的外卖案例可以拆分为注册登录、首页信息列表、店铺详情、选品选套餐、优惠券选择、比价推荐、订单列表、线上支付收银台、服务进度实时跟踪、催单模块、客服售后模块、评价模块、权益激励模块。

不同场景和不同阶段的产品需要不同颗粒度和复杂度的产品结构图。推荐初级产品经理使用第一类产品结构图的思路，可以快速完成页面功能清单和产品模块的梳理，更好地进行后续的原型设计和工作量评估。高级产品经理，更多的是思考整体产品和业务，抽象业务模块，形成模块化的架构和可扩展的产品形态，同时，金融业务和偏向B端业务的产品经理还要更多地思考商业模式和业务生态的问题。这些问题的思考过程和输出物都是结构图的范畴，只不过更宏观一些。

## 4.5　原型设计背后的术与道

### 4.5.1　原型和设计其实是两件事

**画图不是目的，认真设计才值得付出时间**

原型设计在互联网产品整个生命周期里面起着很重要的作用。完整的产品生命周期分为定义、设计、管理和发布迭代四大环节。原型设计在整个流程中处于一个十分重要的中间位置。在项目初期，要进行竞品分析、需求挖掘、市场调研等工作；明确需求和目标后，需要快速产出直观可视化的产品初稿方案，这个时候需要使用原型设计工具来进行设计思路的直接表达，让管理层和项目组成员快速了解你的初步想法并给予建议。

什么是原型设计？简单地说，原型设计是两个词的组合。原型，用线条、图形描绘出的产品框架，也称线框图；设计，综合考虑产品目标、功能、需求场景、用户体验等因素，对产品的各板块、界面和元素进行合理性排序的过程。所以，我们经常提到的原型设计，其实指的是“原型 + 设计”，它是二者彼此融合的一个过程。

在实际工作中，如果只简单地考虑页面需要摆放的元素，没有考虑设计思想和设计逻辑，那么这种原型作品只能称为线框图，它是没有灵魂的。一定要从需求出发，对界面需要呈现的内容进行合理的布局和设计，并考虑真实的使用场景，这样产出的原型方案才是专业的、禁得起推敲的。

原型设计在项目开展过程中起到了承上启下的作用，左边是原始的需要和需求，右面是详细的产品需求文档，在两者间起沟通提效和衔接润滑的作用。

原型设计是将抽象信息转化为具象信息，产品需求文档则是在原型设计的基础上，对原型设计中的板块、界面、元素以及具体执行逻辑进行更为细致的描述。

原型设计是无可替代的，产品经理应当对此有绝对的控制权。原型是表达产品经理想法的最直接的形式。产品经理一定要高度重视原型设计这件事，把原型作品做好做细，提高精细度和美观度，从而将其承上启下的作用发挥到最大，提高整个项目的研发效率和最终效果质量。

图 4-5 总结了原型设计的作用。

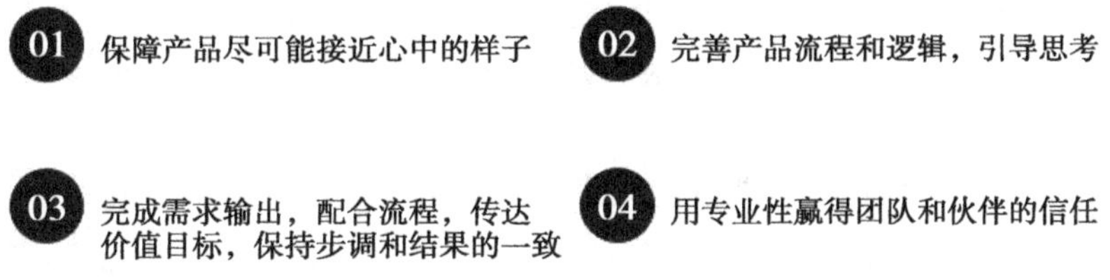


图 4-5　原型设计的作用

第一，原型设计能够保障产品尽可能接近我们心中的样子；第二，它是完善产品流程和逻辑的，能够引起大家思考；第三，完成需求的输出，配合流程，传达价值目标，保持步调和结果的一致性；第四，一个好的原型，能够帮助产品经理赢得团队和伙伴的信任。所以，原型设计在整个过程中的作用很重要，它能够连接产品经理、领导、交互设计师、UI 设计师和研发工程师。一份优秀的原型设计作品能够极大地提高沟通效率，并且能够将产品经理心中的产品设想最大化地、完整地表达出来。所以原型设计的修炼对于产品经理，尤其是新入行的产品经理是十分重要的，值得每个产品经理多花时间去学习、练习和思考。

### 4.5.2 手绘原型和工具原型的应用场景差异

产品形式取决于使用场景，原型设计也不例外

原型作品主要分为两大类，第一类是用纸笔绘制的手绘原型，第二类是用电脑工具绘制的工具原型，如图 4-6 所示。

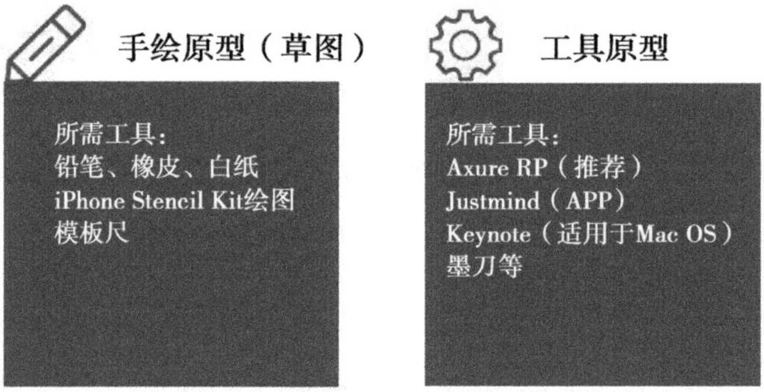


图 4-6　原型作品的分类

手绘原型是用纸和笔进行创意表达的一种方式。实际工作中，很多产品经理会使用一种钢制的原型设计尺，尺子上有很多的图案，中间是镂空的，可以快速绘制出一些标准的按钮图案和元素图形，例如心形图案、手机信号标志，输入框和点击按钮。这种尺子会使作品整体看上去比较美观。当然如果你没有这种尺子的话，也可以拿铅笔和格尺进行绘制。手绘原型是能够最快地培养产品设计兴趣的一种有效方式。建议初学者先通过用纸笔绘图的方

式进行尝试性练习，快速地输出想法，培养对设计的兴趣。图 4-7 所示的就是一份用纸笔完成的手绘原型。

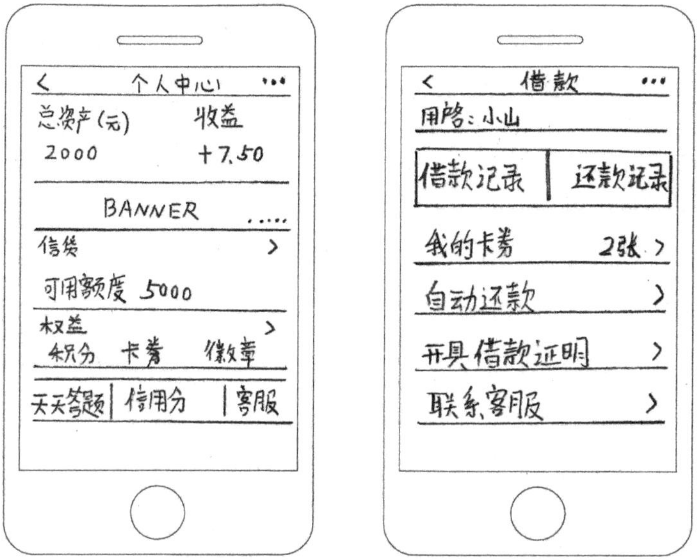


图 4-7　手绘原型

手绘原型的所需工具有：铅笔、橡皮、白纸，iPhone Stencil Kit 绘图模板尺。铅笔相对中性笔的好处在于方便修改，白纸的好处在于可以随心所欲画图。不过移动产品的设计师更倾向使用印刷有等比例手机框架的白纸来画图，能够快速地进入真实的绘制情景中，也能对设计界面的尺寸和比例做到心中有数。由于手绘原型是非正式的，所以一般情况下，产品经理习惯先在纸上寻找最初的设计灵感，再用软件进行真正的原型设计。

那么，手绘原型适用于哪些场景？主要有三类：想法不成熟时，团队思维发散；短时间确认一个具体交互分歧点；初期练习，培养上手的快感和自信心。

第一类场景中最典型的是小团队成员之间的头脑风暴，一个白板可以快速碰撞灵感火花。第二类场景，举例来说，现在要对登录界面进行优化，提升登录按钮的点击率，此时需求已明确，但是大家对于登录按钮的摆放位置是居中还是居左无法达成一致，这个时候就可以在黑板上或者在纸上快速呈现大家的不同方案，快速讨论并达成一致。这种场景建议不必使用软件制作高保真的效果图，以提高效率。第三类场景，举例来说，当你通过自己的双手仿作出来一个微信客户端的首页或者 QQ 音乐的播放器界面时，强烈的满足感会刺激大脑产生大量的多巴胺，从而驱动你继续深入学习。

工具原型也叫软件原型。什么时候我们会选择用工具原型呢？工具原型适用于哪些场景呢？主要有两类：产出物需要多方输出和长期留存；正规团队的项目实施过程。

当设计产出物需要多方输出和长期留存时，一般会选用工具原型，因为手绘原型是不利于长期保存和多方传播的。对于正规的团队，产品的项目实施过程中一定需要电子版的输出，在跨团队沟通中，用软件工具绘制的原型作品可以快速存档和留存。

原型设计可简单可复杂，可粗可细，实际工作中，需要根据不同的需求选择最适合的方式。在使用工具原型进行设计时，也要思考不同场景的具体要求，从而选择合适的应对方法。

总而言之，用软件工具进行原型设计是常规做法，也是产品经理的基本功。而设计的美观度、质量、速度、逻辑性等都是拉开产品经理能力和专业度差距的指标。下面我们围绕工具原型，看看原型设计的三种分类。

### 4.5.3　工具原型的三种分类，情况不同，选择不同

选最适合的方式，解决最直接的问题

对工具原型的适用场景有了基础认识后，接下来我们学习工具原型的三种分类，如图 4-8 所示。

第一类是中保真原型，整体的布局和设计很简约，没有过多的颜色和复杂的交互，但是其中的信息结构很清晰，整体表达的强弱关系也一目了然，

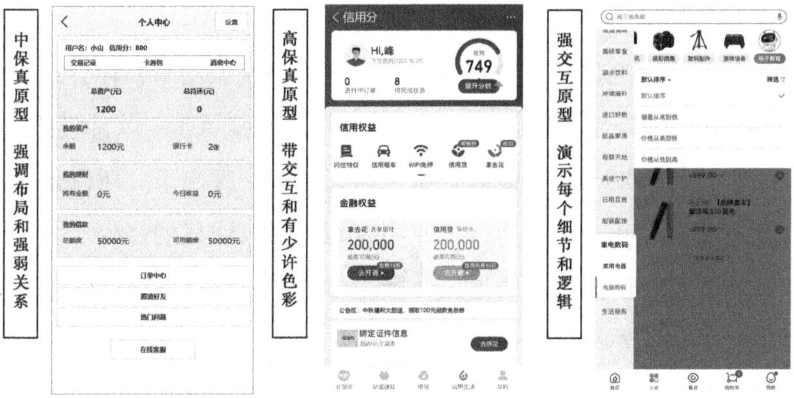


图4-8　工具原型的三种分类

整体界面很干净。中保真原型更多强调的是布局关系和强弱表达，这类中保真的原型没有动态交互，也就是没有用到 Axure 里面的动态面板或者中继器这样的功能。这是目前大公司经常使用的一种方式，它的效率很高，而且易于表达，能够更好地把产品设计理念传递出来，是一种比较平衡的原型设计方案。

第二类是高保真原型，它是在中保真原型的基础上，利用动态面板组件加入了页面的交互效果，并带有少许配色。页面上的颜色是产品经理设计上去的，并不是 UI 设计师设计的。同时，它能够实现跳转、弹出浮层、滚动菜单、点击切换等互动类效果，这些都是用动态面板来实现的。这样的高保真原型是很多创业公司或者是老板们比较喜欢的，因为做完以后就可以直接给客户做演示了。这种原型虽然很逼真，但它整体的设计成本比较高。很多复杂的交互功能都通过原型软件进行了模拟，从技术角度看，产品经理运用 Axure 软件的动态面板和中继器进行很多 JS 代码的开发，从而实现了动态的效果。这种情况下，产品经理大量的时间消耗在制作原型动效上，对于产品本身的需求洞察、底层数据逻辑设计等更为重要的事情就没有足够的时间去思考。所以，高保真原型目前大公司用得会比较少。但是从很多初学者的反馈来看，在一些创新创业公司里，老板还是比较喜欢这种高保真的感觉。因此不论是哪类原型设计方式，在学习的过程中都可以去尝试掌握，但是不要沉迷其中。

第三类是强交互原型。它把每一个细节都仿真做出来，你会感觉这个产品好像已经开发完了。但其实并不是，这些都是拿 Axure 软件模拟出来的，这样的一个产品效果，有可能需要做一两天才能呈现出来。所以强交互原型的设计成本很高。我个人认为这种原型有两个比较明显的好处。一是它能帮助你快速树立你在产品部门的地位，因为你的老板或者同事会觉得你能把这个软件应用得如此熟练，你一定是非常厉害的。二是它能够培养学习者的兴趣。有很多初学者喜欢做各类动态效果，把设计成果展示给周围朋友看的时候，会觉得很有成就感。市面上也有很多关于产品原型的书籍，里面大概有 40% 甚至 50% 的内容都在讲怎么去用中继器，怎么用动态面板，怎么去做花哨的动态效果。在我看来，这些内容都不是最需要花时间研究的部分，而且在实际工作中使用的机会并不多。

综上所述，推荐大家重点学习中保真原型。接下来我们看看画原型的常用软件工具都有哪些。

我推荐两个常用的工具。第一个是 Axure RP。Axure 的发音是“ack-sure”，RP 是“Rapid Prototyping”的缩写。这是一个便捷的原型工具，主要负责定义需求、定义规格、设计功能、设计界面等工作，用户体验设计师、交互设计师、业务分析师、信息架构师、可用性专家和产品经理都会来使用这个软件，它也是目前市面上使用最多的原型设计软件。第二个工具是国产软件墨刀。墨刀是一个在线原型设计与协同工具，借助墨刀，产品经理，设计师，负责开发、销售、运营的人员及创业者等用户群体，能够搭建产品原型，演示项目效果。墨刀同时也是协作平台，项目成员可以协作编辑、审阅，不管是产品设计想法展示，还是向客户收集产品反馈，向投资人进行 Demo 展示，或是在团队内部协作沟通、管理项目。

不论选择哪款软件工具，工具原型最核心的目标就是能够实现电子化的输出和存档，将自己的想法清晰完整有逻辑性地表达出来。

图 4-9 是一份原型作品和最后实际线上产品截图的对比图。

原型Demo
（产品经理负责）

最终产品效果
（实际看到的模样）

图4-9　原型和最终产品效果的对比

大家看到区别点了吗？左边是产品经理用 Axure 做的原型的方案，右边是最终的视觉图。内容排布、页面布局和强弱表达层级基本一致。这样的原型方案就是比较好的一种方案，在设计之初就思考清楚每一个界面细节，而且在做的过程中没有偷懒和投机取巧，界面上的文案也是按照真实情况来进行表达，没有使用“这里是一行很长的文字”“某某某某某”等代替，整体感觉内容很真实。这样的原型方案在实际开发的过程中，会节省很多沟通的成本。

合格的产品经理，如果想要最终的效果达到自己最初的预期，在画原型时就应该尽量做到精细，认真思考每一个卡片内容和文案表述。整个过程一定不要偷懒，勤于思考，把工作落实到细节。这里要强调的是：当产品经理拿到需求以后，一定不要先去画原型，一定不要先去画原型，一定不要先去画原型。

首先，产品经理要思考页面流程图，先进行梳理，同时需要梳理产品功能结构图，或者页面结构图，整个产品有几个页面，有哪些功能模块，要完整地梳理出来，想清楚以后再去设计页面原型，用原型进行可视化表达，提高沟通效率。当产品流程图、功能结构图、原型图都完成以后，再进行产品需求文档的撰写就会十分省心了。对于流程图、架构图和原型图的作用，总结如下：页面流程图——某个任务的路径梳理；页面结构图——多个任务融合到一起的架子；页面原型图——可视化的表达和沟通利器；产品需求文档——最终交付物的合集。

### 4.5.4　原型作品绘制六步法，正规且高效

屡试不爽的绘制流程，值得每个产品经理拥有

原型设计分为六个步骤：第一步，确认产品架构和页面数量以及具体的页面和模块；第二步，建立核心页面目录，把需要设计的页面目录先建好；第三步，调整整体的目录层级，让逻辑清晰，更好地评估后续的工作量；第四步，正式开始页面设计，对页面卡片的细节和整体的页面布局进行设计思考；第五步，对里面的重点交互逻辑，包含跳转逻辑等内容进行文字补充；第六步，把原型和文档进行串联，为后续撰写 PRD 打好基础。具体如图 4-10 所示。

| | |
|---|---|
| 1. 确认产品结构和页面数量等 | 2. 建立核心页面目录 |
| 3. 调整整体的目录层级 | 4. 设计页面，进行卡片细节设计 |
| 5. 页面交互效果补充 | 6. 设计页面PRD文档转化和交互串联 |

图 4-10　原型设计的六个步骤

这六个步骤可以用于任何的产品设计过程，按照这样的步骤，产品经理可以快速清晰地用软件将自己的产品设计方案落地。

开始前，需要先下载 Axure 软件来预习基本操作，熟悉核心菜单、目录建设，还有里面常用的一些组件的使用方法，有了基本的认知和操作熟悉度后再进行后续的学习。再次强调：拿到需求以后，一定不要先画原型，而是

先思考框架和目标。

下面按照六个步骤，尝试进行深入设计。

我们先确定产品大概的页面数量和目标。以设计一款金融类的 APP 为例，思考这款金融 APP 的模块和页面清单，为了方便演示，这里只列举主要的页面列表，如图 4-11 所示。

| 序号 | 需求类型 | 模块/页面 | 子需求拆解描述 |
|---|---|---|---|
| 1 | 新增 | 登录模块 | 手机号码登录、邮箱登录 |
| 2 | 新增 | 消息通知 | PUSH、消息盒子、短信通知 |
| 3 | 新增 | 授信模块 | 信息补录、征信授权、授信结果 |
| 4 | 新增 | 用信模块 | 试算页、协议签署、信息补录、用信结果 |
| 5 | 新增 | 还款模块 | 还款试算、还款列表、还款结果 |
| 6 | 迭代 | 实名认证 | 四项实名、三项实名、身份证OCR识别 |
| 7 | 迭代 | 个人设置 | 账号修改、密码修改、隐私设置、头像修改 |

图 4-11　功能模块和页面清单

先不要着急画原型界面，先把页面和目录结构想清楚，同时把页面目录层级结构和顺序调整好，这是最重要的。

有些人习惯打开软件就直接开始建页面，拖拽组件，摆放组件位置进行页面设计，做完一个页面后再去设计第二个页面。事实上，这不是一个好的习惯。

图 4-12　Axure 目录结构示例

比较好的习惯是基于整体 APP 的页面框架结构进行目录结构的梳理，先搭建目录框架，每个页面的原型内容先保持空白，然后逐步完善具体页面内容（如图 4-12 所示），这样可以提高效率。

整体项目的目录列好后，页面组织关系和层级就很清楚了，方便后续的设计和逻辑之间的串联。当目录完成后，就可以从第一个页面开始设计。Axure 软件提供了大量的基础组件，软件界面的左侧有一个组件库（元件库）的模块，组件库里面有很多的组件，如基础组件、表单、菜单和表格等。

同时，在互联网上还可以下载第三方开发的 PC 端和移动端的组件库，包含各类的导航栏、下拉菜单、行为按钮、信息弹框、ICON 图标等，方便快速选用、提高效率。拿到组件库文件后，可以将其直接导入 Axure 软件里，在后续设计过程中快速拖拽使用。合理地使用这些成熟美观的组件库可以事半功倍。

完成了目录结构的搭建后，继续进行页面细节设计。这里以一个还款列表页的页面为例，如图 4-13 所示，页面内的每个内容卡片，按照从上到下的顺序逐一进行设计。先想清楚放什么内容，使用组件库中的矩形、文本框、ICON 图标等组件搭建初版页面。重点是你先想好放什么，这样画起来就很快。涉及的必要功能解释和字段说明、信息弹窗等相关细节内容可放置在页面右侧，也可以单独输出到后续的 PRD 中。

图 4-13　还款界面原型示例

在制作原型的过程中，如果页面里有一些内容高度相似的列表或者卡片，制作好一个后可以复制粘贴到其他的位置，并在右面备注，方便研发工程师统一考虑后续实现方式。

这里单独谈一下动态面板，很多产品经理喜欢使用动态面板设计一些动态效果，方便表达某些想法。动态面板在大公司用得比较少，大公司一般用中保真原型，每个页面都是平面图，页面之间用流程交互的方式连接起来，更加方便理解。不带动态效果的中保真原型还有一个优点，在撰写 PRD 时，页面可以直接复制到文档里使用，而如果设计了大量的隐藏动效，则无法直接复制到文档中。在完成了原型设计后，后续就需要输出 PRD 了。在实际工作中，有的研发工程师喜欢看原型而不看文档，有的研发工程师喜欢看文档。所以作为产品经理，原型和文档都要做精、做细。PRD 的撰写在后续章节会做深入介绍。

这里再强调一遍，设计的时候，首先确定大的目录框架和页面逻辑，然后对具体页面的布局和内容卡片进行逐一设计，并对细节逻辑和字段需求进行详细说明和补充，最后完成页面之间的流转交互关系。

严格按照以上的步骤可以大大提高工作效率，逐步培养良好的设计习惯。设计过程中，适度装饰可以让原型作品更加饱满和美观。这里推荐两个素材网站：一个是 iconfont- 阿里巴巴矢量图标库，提供设计和前端开发的便捷工具，功能强大且图标内容很丰富；另一个是 Axure 元件库、原型模板、素材资源平台，提供基于 Axure 软件设计的网页产品原型、APP 产品原型、手机 H5 页面原型、小程序原型的发布和下载。这些资源及知识学习网站可以帮助我们持续提升实战能力，提高工作效率。

针对原型设计，总结五点内容：第一，任务高效完成，并且得到好的反馈的作品才是最有效的；第二，原型软件是工具，只是为了表达产品经理的想法；第三，需求思考先行，一定要把需求想透了，再做原型；第四，不要纠结那些动效和中继器，把省下的时间用来思考需求和撰写文档；第五，原型设计是为了表达想法，可以不受形式限制，但是产品经理一定不能偷懒。

每家公司对产品经理和原型设计的要求不同，但是产品经理在设计每个页面、每个内容卡片时，一定不能偷懒，不要去拷贝网上的产品截图，一定要用软件本身的组件设计，使原型作品具有整体感觉的一致性和专业度。软件的使用是熟能生巧，多练习，在实际工作中多思考每个内容元素背后的使用场景和需求本质。原型不单单是原型，原型加设计才是你对这个产品灵魂的最好诠释和表达。

## 4.6 产品需求文档 PRD

### 4.6.1 产品需求文档的多样化形式

先用基本形式完成工作，再开阔眼界尝鲜探索

产品需求文档是产品经理在工作过程中最重要的一类工作输出物，原型图、流程图、结构图等输出物，最终都会落实到产品需求文档中汇总呈现。

每家公司的产品需求文档的形式和格式都不同。有的研发工程师喜欢看原型图配文字说明的形式，不喜欢看 Word 格式的文档；有的研发工程师只接受产品需求文档，不接受使用 Axure 绘制的原型图文档；还有的研发工程师只喜欢看带完整交互效果的原型图。但请记住，形式和格式不是主要的，产品需求文档的核心是表达清楚需求，并且让下游的同事可以清晰地理解需求，阅读者包含交互设计师、视觉设计师、研发工程师、测试工程师、运营经理等。

常见的产品需求文档形式有四种。第一种是使用 Axure 绘制的产品需求文档，首先在 Axure 里单独放置一页流程图和产品目标等必要性说明，然后将产品页面按照页面顺序逐一绘制，在每一页的原型图的右侧用表格和备注的形式写明文字说明内容。第二种是用 Word 撰写的产品需求文档，里面包含原型图、流程图等内容，并对需求细节进行逐一拆解和表述。第三种是用 Excel 撰写的产品需求文档，这种 PRD 在某大公司的 AI 产品经理的商业化项目中使用过。Excel 的好处是表格结构化，里面包含大量的数据库字段定义和计算公式类的需求，利用 Excel 的优点是，这些内容可以折叠和展开，这种文档类型相对少见。第四类是使用 PPT 软件撰写的产品需求文档，常见于商业化产品，更偏向 BRD。这类文档在输出时，往往还会配一份 Word 格式的文档进行补充。

建议大家选择 Word 格式进行撰写，这是一种相对正规和具有普适性的输出方式，可以更好地将整个产品的需求细节完整地表达出来，同时便于后

期的文档维护更新和方案延续，灵活性相对较高。

### 4.6.2 产品需求文档的撰写原则

适度理解原则，可以帮助你规避潜在的坑

产品需求文档的撰写有原则可循，这里引用一个麦肯锡的原则。这个原则不单单是思考工具，也是撰写文档和输出内容过程的指导工具。MECE 原则（Mutually Exclusive Collectively Exhaustive）的核心思想是“相互独立（Mutually Exclusive）、完全穷尽（Collectively Exhaustive）”，它是麦肯锡咨询顾问芭芭拉·明托在《金字塔原理》中提出的一个分类的思考工具。

我认为 MECE 原则提到一个观点就是“分和类”的观点。“分”就是鉴别、描述和命名，而“类”就是归集和归类，能够按一定的秩序排列和形成结构化的输出。所以这个原则可以囊括很多人对产品需求文档的撰写要求。一份清晰的产品需求文档就是一份独立的作品，它类似一个剧本，也类似一本书。每个章节都是独立的，每个章节都需要把这个部分的需求定义和产品功能细节完整地表达清楚，包含但不限于使用图像、图表和文字的形式，并且章节和章节之间是有关联的，最终形成一份产品需求文档。撰写产品需求文档的过程就是一个思考的过程。同时这里还想说明一个观点，我们在撰写产品需求文档前，绘制的原型图、流程图和框架图，每个输出物都需要认真对待，保证输出的质量，这样后期输出产品需求文档的时候会十分轻松和有条理，而产品需求文档就是这些输出物的一个合集和汇总。

### 4.6.3 产品需求文档的通用框架

最受产品新人欢迎的模板资料，没有之一

前面提到了产品需求文档有很多的表达形式，这里选择一种最常见的形式来讲解通用的文档框架，我们以一份 Word 格式的产品需求文档为例，来梳理内容框架。

完整的产品需求文档内容如下（括号中的内容是每部分的讲解内容，实际撰写时可以去掉）。

①需求标题。第一页的顶部使用居中大字体撰写需求标题，常见的参考格式为“金融 APP 产品需求”或“金融 APP 资产管理模块产品需求”。

②版本修订记录。必备项，可以按照表 4-1 的格式撰写，每一次更新都新增一行进行补充，便于后期维护。

表 4-1　版本修订记录表示例

| 日期 | 版本 | 更改描述 | 作者 |
| --- | --- | --- | --- |
| 〈2020/12/19〉 | 〈1.0〉 | 初稿 | 降峰 |

③需求正文。需求的详细内容，按照简介、概述、需求说明、其他需求四个部分进行撰写。

### 1. 简介

（1）需求背景

描述这个需求的目标和收益，用最简单的语言说清楚你这个需求的价值，以便更好地为后续项目推进提供前提铺点。很多时候在前期项目立项时，已经做过一次需求目标和收益的沟通，这里再进行一个阐述。

（2）需求方来源

这里写清楚这个需求来自谁，一般来说，需求来自产品经理自己，也有的需求来自运营、市场或者法务合规等部门，比如我曾参与的一个项目，“金融 APP 用户隐私声明强化提示”需求就是来自法务合规部门。

（3）需求时间要求

产品经理对项目都会有一个期望上线的时间点，尤其是一些活动，是有更明确的上线时间诉求的，这里会给出一个希望的时间点，便于设计和研发部门的同事在前期了解需求时进行心理预期的评估。

（4）需求简述

在完成前面的内容铺垫后，开始撰写具体的需求内容。

#### 2. 概述

（1）总体结构图

这里放置整体的产品结构图，也就是前面我们已经准备好的内容，让阅读者对整个需求有整体认知，方便后续需求的逐一展开。

（2）术语定义

很多专业领域的产品需求都会用到这个模块，提前讲解后面会提到的术语名词，方便后续需求沟通。例如在撰写支付实名认证模块的产品需求时，会对四要素、鉴权、预留手机号、快捷支付协议、银行通道等术语进行讲解。这项内容不是必备的，是否需要要看自己的产品内容。

（3）功能摘要

这个部分和上面的结构图有所关联，主要对整个项目需求的核心模块和层级关系进行表格化的呈现，同时重点模块的优先级进行表述，方便后续的评审和研发节奏确定。

**表 4-2　功能摘要格式示例**

| 功能模块 | 主要功能点 | 优先级 |
| --- | --- | --- |
| 模块一 | 功能点一 | 高 |
| | 功能点二 | 中 |
| 模块二 | 功能点一 | 高 |
| | 功能点二 | 中 |

#### 3. 需求说明

下面会对需求中出现的模块和页面进行逐一描述和讲解。这里提到“用例”的概念。一个用例你可以理解为一个独立的模块或者一个独立的流程。按照模块来理解的话，例如新用户实名认证就是一个独立的模块，可以作为一个用例出现，里面涉及的页面都属于这个用例下面的内容，对页面进行逐一讲解即可。如果用例是按照一个独立流程来撰写的，例如账号登录流程就是一个独立的产品流程，那么用例名称就是登录流程，里面就会按照从“开始登录”到“登录成功”的流程来梳理功能点和出现的页面内容。两种方式都可以，根据自己的产品特性来选择使用。

（1）用例一

每个用例都是以描述、角色、流程图、用户界面和需求四个部分来逐步细化的。

一个用例撰写完成后，可以继续写第二个用例，以此类推。

1）描述。用例的简单描述，例如“此模块为四项实名认证模块，可以完成新用户的四项实名认证流程”。

2）角色。说明这个模块是否有角色和访问者的限制，一般用于后台类产品，例如用户管理模块只限超级管理员可见。一般 C 端产品都是不设置访问权限的，这里可以不写。

3）流程图。每一个用例都需要绘制一份流程图，将之前绘制好的流程图贴到此处即可。

4）用户界面和需求。一个用例会包含多个页面，这里开始放置我们在 Axure 里绘制好的原型图，通过导出图片的形式贴到这里，按照用户操作的流程顺序逐一放置并进行需求讲解。

①用户界面 1 原型图。只放用户界面 1 的原型图片，之后对这个原型界面的需求进行细化描述。

**表 4–3　用户界面 1 需求细节**

| 明细项 | 描述 |
|---|---|
| 输入 / 前置条件 | 这个页面的访问是否有前置条件，可以在此列出<br>例如：须登录成功、授信成功、征信分达到 200 分等 |
| 需求描述 | 这里是具体描述，按照页面的内容从顶端开始描述需求，一直描述到底端，按照页面的卡片内容逐个进行描述 |
| 输出 / 后置条件 | 是否存在后置条件，例如这个页面操作完成后会产生什么样的行为结果和后续事件，可以在此列出来 |
| 补充说明 | 针对此页面内容的补充说明，可不填 |

②用户界面 2 原型图。界面 1 完成后，可以继续界面 2 的内容，撰写格式是类似的，以此类推即可。

（2）用例二

用例一撰写完成后，继续撰写用例二，如果没有后续内容，则进入下一个环节。

**4. 其他需求**

（1）技术性能需求

一般会对项目提出一些必要的访问和承载性能的需求，例如页面打开时长、QPS 上限、承载数据容量等性能指标。

（2）数据埋点需求

针对每个需求都需要在文档里写清楚埋点需求，完整清晰的埋点可用于后续的数据分析。很多产品经理在撰写 PRD 时都会忘记埋点需求，造成后续上线后发现没有监控数据的能力。

关于数据埋点的深入讲解和实操内容可以关注我的微信公众号（小山学堂产品运营课）查阅相关文章。这里强调一点，在撰写数据埋点需求时，需要了解目前公司使用的数据分析平台和工具是什么，有针对性地进行数据埋点的撰写，每个数据分析平台对埋点的支持情况是不一样的。

例如，神策分析在埋点的时候就需要拆分公共属性和非公共属性，并且针对展示和点击也是分开埋点的。而有的平台则比较简单，只要提供你需要监控的行为按钮和对应的监控事件即可。H5 页面和原生 NA 页面的埋点方式和埋点需求内容也是不同的，大家需要格外注意。目前流行的还有全埋点、可视化埋点等新型埋点方案，可以根据实际需求自行选择。

（3）兼容性需求

此需求一般用于 H5 网页和移动端 APP 产品，主要是针对设备和机型的兼容性进行约束，同时需要考虑在手机的首屏可视范围内能够展示的页面的最大信息容量，从而决定你的页面结构和核心元素的顺序。

在兼容性测试时，需要同时考虑 iPhone 和 Android 机型，考虑到测试成本等问题，最低支持的机型分辨率建议等于大于 iPhone 6S 以上。下面是使用占比比较高的机型分布，仅供参考。太低版本的机型和太低的分辨率可以忽略。随着时代的进步，很多太老的机型的占用率已经很低了，同时结合版本强制升级的版本收敛机制，这批客户的负向体验影响可以忽略不计，默认接受某些低分辨率机型可能出现的显示不全和显示错位的问题。核心测试原则为根据客户实际的手机终端情况，抓大放小，合理降低机型适配的难度，最大限度地保证主流机型的体验。

表 4-4　手机机型参数适配表

| 设备制造商 | 设备型号 | 屏幕高度 /pt | 屏幕宽度 /pt |
|---|---|---|---|
| Apple | iPhone X | 812 | 375 |
| Apple | iPhone 7 Plus | 736 | 414 |
| Apple | iPhone 8 Plus | 736 | 414 |
| Apple | iPhone XS Max | 896 | 414 |
| Apple | iPhone 7 | 667 | 375 |
| Apple | iPhone XR | 896 | 414 |
| Apple | iPhone 11 | 896 | 414 |
| Apple | iPhone 6S Plus | 736 | 414 |
| Apple | iPhone 6S | 667 | 375 |
| HUAWEI | ELE-AL00 | 2340 | 1080 |
| HUAWEI | HMA-AL00 | 2244 | 1080 |
| Apple | iPhone 6 | 667 | 375 |
| Apple | iPhone XS | 812 | 375 |
| HUAWEI | EML-AL00 | 2244 | 1080 |
| Apple | iPhone 11 Pro Max | 896 | 414 |
| HUAWEI | SEA-AL10 | 2340 | 1080 |
| HUAWEI | MHA-AL00 | 1920 | 1080 |
| HUAWEI | VOG-AL00 | 2340 | 1080 |

以上就是关于产品需求文档的全部内容，大家在实际工作中活学活用。撰写一份优秀的产品需求文档是对产品经理综合素质的考验。想写好一份产品需求文档，产品经理除了不断提升专业素养、保持日常的积极思考外，更需要保持对产品的敏感度和好奇心，强化结构化思维、逻辑思维及文字表达的能力。撰写一份完整的产品需求文档之前，除了自己想清楚并且把文档中需要用到的原型图和流程图等内容准备好之外，还可以通过多方面渠道积累素材，任何人都可能成为你的灵感来源，你的用户、竞争对手、研发工程师和测试工程师、运营部门的同事等，他们都可能为你提供建设性的建议和创意点，要想清楚需求的本质，用最合理和成本效用最大化的方法提供对应的产品方案，快速试验，小步快跑，不断迭代需求和完善产品功能，让你的产品需求文档成为产品质量控制的执行标准，打好产品从概念落实为实际落地方案的良好开端。

## 4.7　版本迭代管理与项目驱动

在关于项目管理的章节开头，我们快速回顾一下产品全生命周期的四个象限。我们从定义环节出发，了解了需要和需求的关系，明白了任何的用户诉求都是依托特定场景而产生的，我们需要了解用户的使用场景才能更好地分解需求并设计对应的产品方案给予满足，我们了解了如何完成一份有效的竞品分析报告，知己知彼才能百战不殆，然后我们又学习了产品需求输出过程中的几类必备输出物，明确了不同场合下如何更有效地利用原型工具进行需求的表达，如何更快速地设计流程图和产品结构图，最后通过前面的一系列积累形成一份完整的产品需求文档，这一路是从一个构思到体系化产品需求文档输出的过程。

现在到了我们把需求交付给下游环节的时候了，一个优秀的互联网产品离不开设计团队、研发团队和许许多多支持部门的配合，而作为产品经理，这时候的角色从自己干活转变为管理协调。这也印证了 PM 这个称谓的双重含义：产品经理（Product Manager）和项目经理（Project Manager）。

关于项目管理这件事，我想给大家几个管理的工具和方法，这些方法都比较实用，也是我多年积累下来的，这些方法和经验适合互联网金融项目，也适合非互联网金融的项目。希望大家少走弯路，成为一名受研发同事欢迎的产品经理。

### 4.7.1 双需求池管理机制：轻松提升迭代效率

**需求管理有时候是管人，学会借力**

互联网产品的迭代频率是很高的，每一次的版本都会承载很多需求上线，小到更新优化已有功能点，大到发布一个新的功能模块，一个产品的需求功能是永远做不完的，总是会源源不断地被提到负责这个产品的产品经理那里。作为产品经理，尤其是负责一条完整产品线的产品经理，如何有效地管理好产品的迭代节奏和产品需求池，是每时每刻都要面对的问题。如果你正在负责一款产品的版本迭代和产品管理，那么你一定会有一个需求池，里面按照版本计划收纳了很多来自各方的需求（我们内部会使用 Wiki 和 Icafe 平台进行管理）。每一个版本都会对需求池内的需求进行评审和排序，来决定本版本的开发内容。在实际工作中，经常会遇到需求池内的需求太多，一个版本根本无法全部开发完成的情况，而需要把需求移除出去，造成需求管理和需求调整记录的混乱。为了更好地避免这样的情况，我们启用了双需求池的管理机制，各方的需求卡片先统一放入一个备选需求池中，写清楚需求的内容和期望完成的时间点，我们会从备选需求池中按照优先级和紧迫度选择需求放入本期的迭代计划内。针对一些紧急但是不重要的需求，我们可以提前了解，方便进行整体产品节奏的设计，做好扩展性和能力的预留。针对重要但是不紧急的需求，我们会整体权衡，在研发人力空闲的情况下将其纳入，从而提高整体的需求管理效率，也提高研发部门和产品部门的沟通效率，在某种情况下可以做到未雨绸缪和整体规划。这个备选需求池的管理机制适合一些较为复杂和综合类的产品项目，可以起到缓冲的作用。如果你所负责的是一个比较简单和没有太多外部协同关联的产品，那么你可以自己维护一个类似的表格，对自己准备做的和本期没有排入被踢出来的需求进行梳理和维护，这也是一个比较好的项目管理的方法，做好自我管理即可。

### 4.7.2　综合金融 APP 的需求管理：以目标收益驱动

**提前自驱建立标准规范，先入为主树威信**

前面提到了复杂的产品项目需要建立双需求池进行缓冲管理，那么什么样的需求能够被纳入本期的研发计划呢？尤其是一个综合类的产品线，你的需求来自四面八方，每个人都会说他的需求很重要，请务必排入本期计划内，这造成优先级的确定十分困难，无论设计得多完美，都会有失公允。因为每个人的需求都是站在自己的角度考虑的，而你需要从整体产品线的角度进行思考。

我前几年负责一款综合金融 APP，就遇到了这样的难题，最开始手握大权很是风光，每个月的版本迭代会前，我都会翻看备用需求池里的海量需求，通过需求卡片上的描述和预期收益来判断，排出一份优先级的清单，放入本期版本的需求池内。在会议中，被排入需求的同事拍手叫好，而需求没有被排入的同事会找我询问缘由和申请需求插入。大部分情况下我会说，研发资源有限，我们先完成一些相对简单的需求，你的需求工期太长，我们下一个版本集中解决。这样的管理机制实施了一段时间后，我发现这个现状需要改善，需要一种更加合理和有说服力的需求管理机制。通过征求多方的意见，我建立了一个全新的需求池管理机制——需求自评机制（如表 4-5 所示）。

核心的评分项为“自评优先级”一栏，分为 P1、P2、P3、P4、P5，请需求方自评。P1 为重大 bug 等必改需求，P2~P5 为迭代需求。同一大类和同一人的需求中不能出现一样的评分值。

**表 4-5　需求自评准入表**

| 需求池　更新时间：2022-3　v7.0 版本　预计发版时间：5 月底　负责人 降峰 | | | | | | | | | | | | |
|---|---|---|---|---|---|---|---|---|---|---|---|---|
| 请需求提出 PM 填写灰色部分的内容；只填写自己提出的项目一行即可 | | | | | | | | | | | 版本负责人填写 | |
| 所属业务线 | 需求点 | 描述 | 详细需求评审时间 | 交互评审时间 | 自评优先级 | 收益阐述 | 希望上线时间 | 目前进展 | 对接 PM | 后端 RD | 纳入版本 | 最终优先级 |
| 示例及要求 | 标题同需求池卡片标题 | 一句话说明需求点 | 评审时间自行邀约 | 交互评审时间自行邀约 | 分 P1、P2、P3、P4、P5，请自评。P1 为重大 bug 等必改需求，P2~P5 为迭代需求 | 收益点，比如：合规、体验、安全、优化、盈利性等 | 给出此项目最晚的上线要求 | 项目目前进度，如：待细化、待评审、后端已启动、UI 已启动等 | 需求负责人 | | 此项为负责人最终填写纳入版本号 | 此项为负责人最终评定填写 |
| 收银台 | 限额超限引导帮助 | 限额引导优化 | 需求已评审 | 交互已评审 | P0 | 体验 | 无 | | 张三 | | | 1 |
| | 【指纹支付优化】 | 指纹开通 / 使用优化 | 需求已评审 | 待定 | P1 | 体验 | 无 | | 张三 | | | 2 |
| | 卡要素支持多证件 | 卡要素功能优化 | 需求已评审 | 无 | P3 | 体验 | 无 | | 张三 | | | 3 |
| 实名模块 | 标准实名认证 2.0 | 流程改版 + 重构 | MRD 已完成 | 交互已完成 | P2 | 标准化输出 + 转化率 | 5 月底 | | 张三 | | | 4 |
| | 找回支付密码策略优化 | 密码策略升级 | 预计 3 月 19 日评审 | 无须交互 | P3 | 提升产品安全等级 | 5 月底 | 待评审 | 张三 | | | 5 |
| | SDK 实名认证 | 透传后端数据 | 预计 3 月 19 日评审 | 无须交互 | P4 | 维护策略统一 | 5 月底 | 待评审 | 张三 | | | 6 |

需求提出方要写清楚收益的分类，说明其需求是解决什么问题，例如合规、体验、安全、优化、盈利性提升等。

每次在进行需求收集的时候，需求提出方除了在需求池内建立一个需求卡片外，还需要完成这样的一份自评表。里面我设置了几个评分维度，需求方根据实际情况填写成本及收益评估。由此，需求的优先级评判形成了统一标准。最后，根据需求方的自评分，结合整个需求池的情况，由整体需求的管理者给出综合评分，产品经理根据最终的需求分数进行优先级的排序。针对有的需求有额外的原因需要高优插入，我还建立了特批流程，需求通过多级领导审批的方式被特批准入。通过这样的方式，我发现很多需求其实并没有那么重要，需求提出者在重新审视自己的需求时，也发现并没有太强的说服力。这种方式可以使需求提出者更充分地思考需求是否具有必要性、合理性和紧迫度，是否和所负责的 KPI 指标强关联，以及是否针对用户当下最需要解决的痛点问题，也对整个产品经理团队的需求思考方式与需求挖掘和产品设计能力有了正向影响。这个项目管理的方式一直使用到现在，在团队内部得到认可并在不断完善。同时，这个方案还被其他团队的大型项目借鉴和升级，引入专职的 PMO 项目经理对整体项目管理制度进行统一把控，组织需求综合评审会，保证每次需求准入过程和结果的公开、公正。

### 4.7.3　需求管理及项目里程碑模板：高效完成汇报

**里程碑和节点进度条最可视化的表达形式**

前面提到的双需求池和需求自评机制都是为了更好地把控版本的节奏和需求数量。那么在确认了本期需求内容后，就需要输出这个版本的节点进度里程碑了，一般包括立项、需求阶段、交互阶段、视觉阶段、研发阶段、测试阶段、ET 阶段、灰度阶段、上线等几个关键节点。

在我们的项目管理中，会插入一个 ET 的环节，很多公司都没有这个环节，或者有这个环节但叫法不同。“ET”翻译过来就是探索性测试，一般是在灰度发布前的一个环节。简单地说，在测试工程师完成1~2轮的专业测试工作后，产品经理都会邀请整个项目团队的成员进行内部体验，用于发现隐藏的技术缺陷、流程体验问题以及和设计稿及需求文档不符的一些问题。内部测试的过程就是ET，在完成ET测试后，研发工程师会进行一轮修改和调整，然后才进入公网环境的小流量灰度测试阶段。

产品经理需要清晰地知道产品生命周期的进度和每个细微环节的实时进度，整体的进度是需要进行邮件通报和相关项目会议汇报的。这里给大家提供一个比较好用的单迭代周期里程碑模板，可以清晰地展现每一周的配合关系和计划，如图4-14所示。

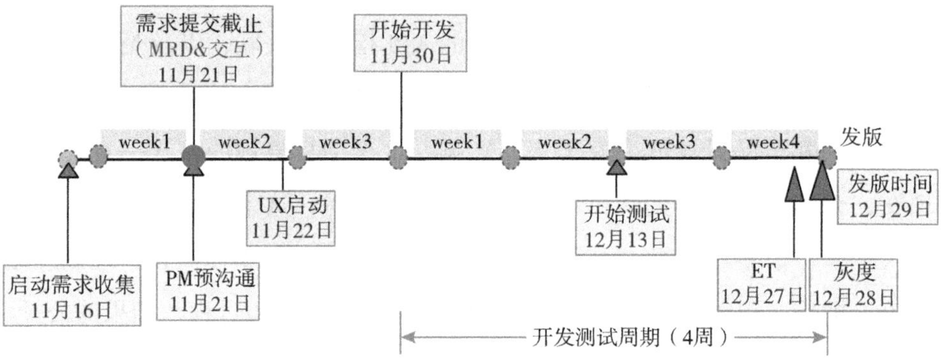


图 4-14　项目里程碑管理

除了版本迭代的管理计划外，对于整个产品来说，我们会对历史的版本进行汇总，输出整个项目的一个里程碑，来回顾和梳理每一个版本的重要时刻和版本的价值。这时候就会用到另外一种表达方式，通过时间线的方式来进行roadmap的表达，体现每一个阶段和每一次版本升级的目标和价值，如图4-15所示。

这两类模板可以用于整个项目的历史版本规划的相关汇报材料准备。表达的思路和排版布局是关键点，内容根据自己的产品线进行调整即可，模板样式仅供参考。

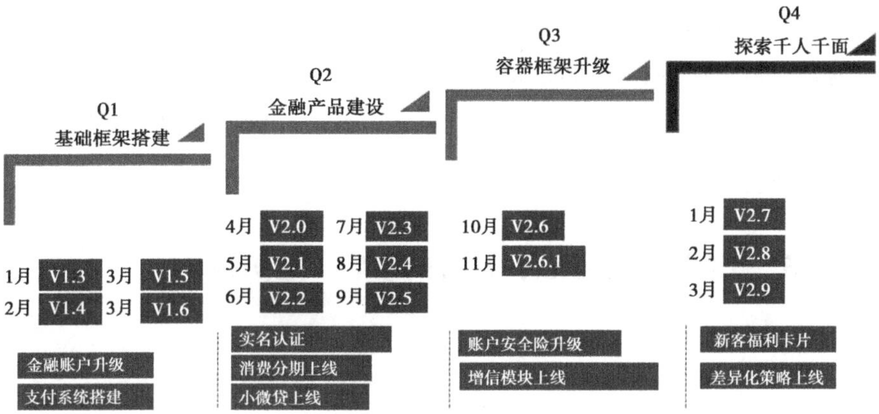


图 4-15 roadmap 图

### 4.7.4 凡事都要落纸面，别让不好意思害了你

先小人后君子，学习职场沟通的智慧

产品经理日常有大量的沟通工作，经常需要其他部门和业务方给予支持和配合，例如你的某个功能点需要对方提供数据接口，你的某个新产品模块需要对方的业务系统进行改造支持等。日常的沟通方式有很多，常见的有聊天工具一对一沟通、群组沟通、邮件沟通、线下小范围沟通、会议沟通等。

大家在沟通后会达成一个结论，对方可能答应了你的需求，也可能需要考虑后给你反馈，也可能是拒绝了你的需求。不管如何，我们都要养成书面留档的习惯。在我所在的公司，有一个不成文的规定，你和对方的沟通结论必须通过邮件的形式进行固化，并且进行公示。一方面，这便于大家记录和反馈，方便后期查阅，避免漏掉沟通时留下的待办事项；另一方面，这也是一种规范化的管理制度，能让你有条理地输出沟通的结论。正式的结论只限于用邮件记录，聊天工具和口头的表述都是不算数的。在后期结论变动和需求优先级协调时，邮件是最重要的工具。从某种意义上说，邮件也是保护自己权益的有力武器，很多时候你的一个沟通结论可能会因为出现了更重要的项目或者其他不可抗力而产生变数，所以一定要记得在沟通后撰写沟通纪要，在会议后撰写会议纪要，将其通过邮件的方式发出来，并且抄送双方的领导，这样可以更好地把控进度和跟进后续待办事项。在沟通中，沟通双方没有级别的限制，不要因为对方级别比你高而不好意思发会议纪要的邮件，这是职场专业度的体现。

### 4.7.5 上线 checklist：补坑的最后一道防线

不要怕麻烦，落实到人，不遗漏任何一个细节

项目一切进展顺利，马上就要上线发布了，在这临门一脚前，一定要格外小心，再检查一下是否有遗留项和未完成的内容。尤其是 APP，开发完成后，在上线时往往还有大量的后台资源配置和素材物料等内容需要准备，你的首页配置是否切换为线上内容，客群标签是否调整完毕，页面内的展示文案是否没有错误，应用市场内的宣传文案和宣传图片是否准备完毕，格式是否正确，等等。这些除了测试工程师把关外，作为产品经理，一定要有一份完整的 checklist，细枝末节都要再检查一遍。除了 APP 这样的产品外，大型的线上活动更是如此。我 2019 年负责的一个春节活动项目中，涉及 10 个团队和 8 个系统的配合，各个团队和系统之间关系复杂，模糊地带很多，我需要思考这些隐藏的耦合点是否都完美衔接，各个团队的工作进度是否配合无误，活动页面呈现的每一行字、每一个图、每一个流程是否符合预期。所以，除了前期的 ET 和测试外，一定要有一份检查清单，逐一打钩确认，这样心里才能更有底。

梳理的内容有前端页面、后端系统、数据接口、物料配置、客服培训、对外宣传、技术保障、故障预演、上线步骤等，同时明确责任人、完成情况和完成时间点，如表 4-6 所示。

很多时候，一个产品是在一个我们认为应该没问题的地方翻了船，尽早发现问题显得更重要。

如今产品和运营的界限越来越模糊，很多产品经理都在做一些运营和

增长的工作。在当今时代，保持产品的高速增长和设计有序有效的经营策略更为重要，洞察用户后如何在满足普适性需求的过程中不断了解用户并提供个性化的服务是长期的课题。产品经理的职业进阶之路是一个稳步上升的螺旋曲线过程，懂商业模式、懂行业、懂业务、懂体验设计、懂互联网产品设计，还要懂技术原理。找到自己的发展方向，不断补足自己的短板，才能不断适应新的挑战。海阔凭鱼跃，天高任鸟飞。

表 4-6　项目管理 checklist

| 事务 | 工作项 | 负责人 | 预期完成时间 | 实际完成时间 |
| --- | --- | --- | --- | --- |
| 大类协同 | 产品设计、参与流程设计、需求文档输出 | | | |
| | 预算核算、费用申请 | | | |
| | 法律规划、玩法、表达、个人隐私合规性确认 | | | |
| | 运营策略、运营生命周期设计 | | | |
| | 资源位申请、活动规划、活动配置、文案表达定调 | | | |
| | 用户生命周期、客群分层策略 | | | |
| | 小程序导流方案设计 | | | |
| | 业务权益及业务任务内容确认、业务方联动催办 | | | |
| | 整体协同排期 | | | |
| 前期协调 | 市场沟通、确定主题 | | | |
| | 确定主题词及标语 | | | |
| | 端内外推广方案 | | | |
| | ASO、APP 市场物料调整、文案输出 | | | |
| 中期执行 | 资源位配置、项目发布 | | | |
| | 外部新媒体渠道的内容梳理、进度跟进 | | | |
| 后期跟踪 | 数据分析、复盘 | | | |

# ◆ 第 5 章 能力进阶与职场沟通

## 5.1 职场能力“五进阶”模型

低头看路，抬头看天，稳步提升

产品经理在互联网企业里面的角色十分重要，产品经理就是其所负责产品的 CEO，需要操心和把控诸多的产品细节。每个互联网企业都有产品经理的岗位，每个人身上都有自己的优点和能力短板。有些产品经理会被大家贴上优秀和靠谱的标签，有些产品经理则被周围同事频繁吐槽，如何判断一名产品经理是合格还是优秀呢？很多人都试图给出标准。

其实在我看来没有确切的标准，准确地说，不同的职业阶段对产品经理的能力要求是不一样的。而大家公认的优秀产品经理，比如张小龙、俞军、马化腾这样的互联网大佬，实属凤毛麟角。回到现实中，如何判断我们周围的产品经理的能力如何，或者判断自己目前处在什么样的能力阶段，从而更好地定位自己和确定未来的发展着力点，这显得格外重要。

在以往和学生交流的过程中，很多学生都经常问我：我感觉我目前的工作内容不太像是产品经理该做的事情，每天杂事太多，没有成长，我也不知道自己目前的优势和缺点是什么，您认为的好的产品经理应该是什么样的？应该具备什么样的能力呢？

这要从三个方面分析。

**第一，什么是产品？**关于产品的定义有很多，此刻我们先把公司里那些描述产品的需求定义、功能定义、模块化设计的 PRD 统统清零。因为我们现在定义的产品，并不是 PRD 里定义的那些功能和模块。抛开这些执行层面的词语，琢磨产品的本质，思考产品到底是什么。在我看来，真正的产品是通过一种具象的、可触摸的、可看到的手段去满足或解决一个已知的用户需要，把这个需要变为一个可以落地的需求方案。产品是在实现用户价值和商业价值的基础上，合理有效地解决掉一个具体的问题。

**第二，产品经理和产品的关系。**产品经理是产品的舵手，舵手的能力决定所负责产品的高度和走向，并可以预判未来和躲避风暴。设计一款产品前，产品经理首先要定义产品的物理、工业、商业特性，考虑产品本身的设计定位、框架模型和商业模式，考虑业务导向和长期价值挖掘。金融类产品还会叠加业务合规性、科技能力扩展性和多边合作盈利性等。在实际的工作过程中，我们会接触到很多的产品形态，小到一个模块，比如注册模块，大到一条线，比如一款综合金融 APP；再大到一个面，比如商业变现矩阵产品生态框架。大部分较为复杂的产品线都需要多名产品经理一起分工完成，有人偏细节方案执行，有人偏中长期框架规划，有人偏项目节奏和核心目标管理，各司其职。每一个产品经理都需要踏实做好眼前的事情，不断进步和成为更高水平的产品人，让自己在产品迭代的整个周期内有更强的前瞻性，掌握更强的话语权和决策权。

**第三，如何判断你目前的能力阶段和如何提升？**判断产品经理的能力有很多的标准，比如从业时间、负责产品的数量和复杂度、业务知识的掌握和理解力、基础技术知识的掌握和理解力、沟通协调能力。如果只用一个维度去快速判断初级、中级、高级、顶级产品经理的话，我针对不同产品经理等级提炼了对应的核心关键词，形成了产品经理职场能力“五进阶”模型，如图 5-1 所示。这幅图是我的原创作品，它更像是一幅职场晋升的路径图，产品经理通过它可以较为直观地判断自己目前所处的阶段，同时也可以反省每一天的工作内容是否符合自己的能力阶段或者职业职级。

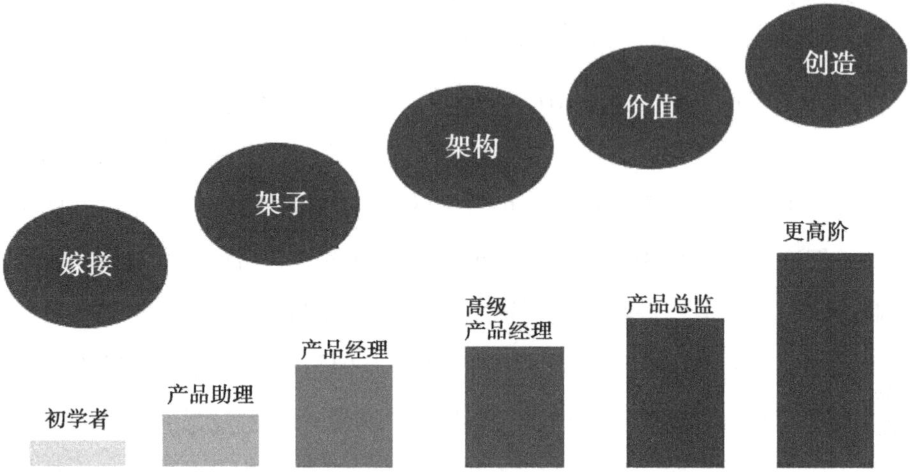


图 5-1　产品经理职场能力“五进阶”模型

### 5.1.1　嫁接，初学者的逆向反推法

当你准备进入一个新的领域时，你会看很多书和文章，问这个领域的过来人，了解市面上的成熟产品，这个阶段就是熟悉和嫁接的过程。整个过程中你完成了一个简单模块的设计方案，完成了一份领导交办的竞品分析报告。这个阶段快速提升的办法就是不断地刻意练习。拒绝花太多时间看一些分析某某产品如何成功的案例拆解报告或职场鸡汤文，更多的时间应该去动手实操。

行业内有一个很著名的词语，叫“有效产品时”。产品人一定要利用好自己的“有效产品时”。我之前接触两名就职于两家不同公司的产品经理，两家公司的规模类似，他们的工作经历也都是两年左右，在聊天后发现两个人对产品的理解、对工作流程的执行完整度还有对新鲜事物的敏感度都有很大差异。其中一个人平时有很强的求知欲和总结的意识，在工作中总是主动思考并撰写设计心得和项目复盘材料，刻意去模仿成功的案例并将案例中的经验内化到自己的知识体系中。另一个人则不然，按部就班地完成领导交办的任务而已。

在百度公司内部有一门 P3 级别的课程，题目是：抄也是一门学问。课程讲的是如何通过合理地学习和拆解竞品，学习优点后将其转化为自己的产品特色，在竞争格局中取得阶段性胜利。产品经理新人第一步就是要学会“抄袭”，同时不断思考如何从用户需求角度出发不断打磨产品。

我在产品经理新人培训课中，经常会给大家留大量的作业，并监督大家快速完成。很多培训课程也是如此，通过引导学生不断思考和主动动手去理解产品和用户的关系，理解设计背后的逻辑，不断地在作业练习中总结出自己的设计方法。逆向反推法是刻意练习的一种形式，简单地说就是从成熟竞品中反向思考最原始的需求文档是如何产出的。从课程设计的角度来看，设计初衷都是一致的，多练习，多修正，多总结。

同时，这个阶段的产品经理有一个共同的感受，总是感觉自己的工作内容不够高端，事情比较琐碎。这件事我们需要反过来看，如果你是刚入行的产品经理，领导暂时不会把重要的项目交由你负责，而先交办一些偏中期执行的相对独立的产品模块的设计工作，在实际执行的过程中让你快速熟悉业务，说白了就是你还不成熟，还不能独立掌控完整的一款产品。当然也有一种情况是公司的文化问题，领导并没有看到你的优点或者公司还在探索的阶段。这时候你自己需要分析和区分。不管是哪种情况，你唯一需要做的就是低调做事，主动去输出工作产物，得到领导的认可，从而尽快沉淀能力进入第二个阶段。这个阶段的新人，一定不要轻易离职跳槽，建议在一家公司要稳定在一年以上，很多业务你想完全熟悉和了解到底层的逻辑，我认为一年的时间是最最基础的。在职场中，让你快速成长的过程一定是自驱的，观看公司内网的免费课程、参加公开讲座和内部培训课、找一个愿意带你的老同事私下取经，都是让你偷偷跨越式进步的方式。很多时候，工作都是繁杂的，但你不要停下学习和探索的步伐。

**请你记住，不要让琐碎事务磨灭了你对产品的热情，一定不要！**

### 5.1.2　架子，从模块出发找感觉

一般情况下，嫁接的过程会很快过去，你在得到领导的认可后，会开始

接手一个相对完整的模块，此时你会不断地挑战自己，尝试独立完成一个项目。你也会开始跨团队沟通和协调排期，思考模块的迭代节奏并分析数据，逐步找到产品设计的感觉，同时也会经常思考用户痛点，期待每一版界面的诞生，针对交互和逻辑调整后发生的数据变化进行分析复盘。当你开始沉下心来设计用户画像、搭建功能架构、勾勒完整的原型方案、撰写产品需求文档、主动发起会议邀请并召开需求评审会、整理数据埋点和核心指标定义、输出每周产品进度和效果报告时，你会觉得成就感满满，感觉自己更有章法和套路了。当你跟着研发部门的同事一起熬夜，看着自己负责的产品发布上线的那一刻，这种感觉真的是太棒了！纵观整个产品经理圈，大部分的产品经理都认为自己正在“架子”的阶段努力攀爬和奋战着。

这个阶段的你，每天经手大量的新增需求，不停地设计产品功能和完成一个一个的需求上线。通过你的努力，你负责的产品不断迭代和完善，不断给用户带来新的体验，帮助用户快速解决问题，得到用户的良好反馈。这本身就是一件很幸福的事情。

**需求其实是一群人的合集，是他们在某种特定场景的需求表现。产品经理需要不断理解用户和理解场景，构建产品框架和产品能力，并不断地站在未来去迭代升级。**

### 5.1.3 架构，独立思考和搭建框架

在谈“架构”阶段前，我们先了解一下互联网公司的职位级别体系。职级在一定科学维度上对应产品经理的综合职业能力水平，百度职位级别体系是 P 序列，度小满职位级别体系是 F 序列，腾讯职位级别体系是 P 序列。这个序列同样适用于运营经理、数据分析师等岗位，是公司发布的通用职级标准。我们以百度为例，级别为 P1~P12。现在基本上是从 P3 起步，实习生和校招生往往会从 P3 开始定级，如果到 P10 级别就算是职业生涯小巅峰了。一般来说，P3~P4 为初级执行层，P5 是一个分水岭，P7 又是一个分水岭。我认为 P7 的产品经理是最平衡的一个阶段，负责的事情可以把控落地又不

失思想高度。P8 以上级别会更偏向战略和管理，更多地思考如何搭建业务生态和提供超出预期的创新产品和盈利模式。度小满的 F 序列原则上对应百度的 P 序列，腾讯的级别梯度会稍有不同，P4 级别的职位就是比较资深的了（后续我们按照百度的 P 序列来交流）。

前面提到"嫁接"和"架子"的阶段，基本可以对应 P4 以下的级别，强调的是高效的驱动力、执行力和较为简单产品的落地能力。而到了 P5 以上，强调的是架构能力。

什么是架构能力？看到"架构"一词，很多人会联想到架构图或者框架图，其实不完全正确，这里提到的架构能力更多的是指计划力和全局力。这个阶段的产品经理，除了日常的项目设计和推进工作外，更多的是需要负责一款较为复杂的产品，可能是团队配合比较多的项目，或者是功能模块比较多的项目，例如通行证整体系统，而不是单单负责一个注册页面，你需要从账户体系搭建、注册登录模块设计、异常密码找回逻辑、账户安全风控设计、外部合作账户互通等维度去思考整个项目。整个项目周期内，你需要有完整详细的迭代推进表、至少半年的前瞻性规划，逐步开始从更广阔的视角去看待自己的项目。工作输出物会包含产品发展计划、业务规划 PPT、需求池管理计划表、产品能力框架图、项目管理规范制度手册等，更加专业化和系统化。而对于互联网金融的产品经理来说，此时的你会负责核心业务系统或前端流程，真正开始了解金融业务和接触底层系统逻辑，已经不是单一的互联网产品经理的角色了。

同时，在架构阶段，或者说从 P5 开始，你需要尝试进行知识输出，组织内部分享和交流活动，在团队内部进行培训的工作，这考验你的结构化表达能力，只有结构化的知识输出，才能让团队内的新人快速获取知识。

百度在最近几年多次调整人才战略，强调产品是百度的核心价值，之前是侧重于技术主导和驱动。我十分赞赏这样的改变，同时很多企业也在践行这样的分享文化机制和营造内部分享的氛围，如果你所在的团队有一群愿意分享并能进行系统化表达的同事，那绝对是一种福气。

### 5.1.4 价值，站在更高处对待产品

前面讲到了嫁接、架子和架构，讲到了需求定义、规范制定、方案设计、项目管理、知识输出，你开始尝试搭建自己的产品方法论，也有了更强的话语权和自信心。价值阶段，可以简单对应 P6 和 P7 级别。这是一个很重要的并能够让你产生蜕变的分水岭。从专业能力的角度来看，你可能已经在负责一条较复杂或较重要的产品线或业务线了；从管理的角度来看，你也许已经是一个小团队的领导了。我的好朋友在百度知道业务线带领 15 个人的团队，负责一条重要的变现业务产品线，他的级别是 P6，行事老练沉稳。在我看来，真正称职的 P6 级别产品经理就应该具备这样的能力水平。

在这个阶段，你的工作重心也会发生很大的变化，你的思考方式、你接触的人、你周围人对你的依赖，等等，都会很不一样。P6、P7、P8 这些级别的人物在互联网公司十分重要，影响着一批人的成长，决定着一批产品的走向和未来。判断力和果敢这时候变得尤为重要。就互联网金融行业来讲，这个阶段的产品经理会更多思考金融业务盈利模型、数字化敏捷产品矩阵、中长期客户经营策略框架等，解决更高层级的业务问题和增长困惑。

关键时刻的“YES or NO”，对产品发展至关重要。好的产品经理应该有独立判断力，愿意承担后果，并能够分析出失败原因和给出改进方法。

作为互联网金融产品经理，你对金融知识和金融业务需要有清晰的认知，并需要对上下游配合关系链上的系统逻辑有清晰认识。你需要懂风控、懂支付、懂营销、懂获客、懂成本测算，还要懂如何更好地利用资源服务好自己的业务线，思考自己手上的业务线在公司层面的定位和价值，思考如何更有效地对外宣传自己的团队和所负责的产品的价值。

这个阶段的产品经理，已经是资深产品经理或者产品架构师了，做互联网金融的人要对数据格外敏感，你需要懂得如何让团队利用好数据工具去得到结论，学会如何有效地汇报，利用合理置信的数据测算方法不断地给高层领导正反馈。

你需要有更广阔的视野和包容度。封闭的思考是无法触达用户内心的，也无法找到价值所在和形成持续可被信任的战斗力。

### 5.1.5 创造，不可多得的开拓者

很多人总在问，产品经理的未来在哪里？是否是一辈子的职业？35 岁后的产品经理应该是什么样的？

在我看来，能够以发挥价值为初衷去贡献自己的价值就是比较美好的成功状态。产品经理相对研发工程师来说，更为“长青”，也可以说越老越值钱，但是前提是你对架构和价值已经有完整的思考和认知，并有成功的产品案例，或者你已经总结了一套自己的方法论被外界所认可。

如果有一天，你离职了，当你褪去公司的光环后，你是谁？你怎么介绍自己？你是否思考过这个残酷又现实的问题？

在谈到产品经理职场能力“五进阶”模型的最后一层时，我想先表达两个观点。首先，这个模型同样适用于运营岗位上的读者去判断自己的价值和定位；其次，最后一层是常人比较难以达到的高度，不是光靠专业功底和精耕细作的努力就可以到达的，还需要很多外在的综合因素加持。

所以，处在“创造”这个阶段的人，我认为他们一定程度上改变了世界上某个领域的认知和玩法，能站在产品之外去思考人性和商业的本质，崇尚创新和探索的重要性，在大胆的探寻中找到诸多不完美的方案，在不断试错中获得耀眼之光，从而创造出来一种新的产品形态、新的业界认知和全新模式。每个时代都那么几个著名的人物和一些有能量的产品，值得我们尊敬和学习。

比如，引领了中国线上支付快速普及的快捷支付模式；

比如，解决“最后一公里”问题的出行领域的共享单车、共享汽车；

比如，使手艺人快捷变现的教育领域的知识付费和技能互换；

比如，释放了大量劳动力并让服务标准化的人工智能 AI 客服和金融催收机器人；

比如，让未来出行更美好的无人车、智能家居等黑科技产业；

比如，让农民的土地更加高产的智能农业数字化产业；

比如，让每个素人都有可能成为明星的娱乐直播；

比如，让金融产品深入大众生活的普惠金融产品；

比如，让老百姓也能享受专业资产管理服务的智能理财投顾产品；

比如，被称为2020年传统制造企业救生艇的电商直播和短视频平台；

…………

每一个都彰显了不同领域的未来方向和无限创新的可能性，永远给人期待和惊喜。

以上就是我对职场能力进阶的理解和思考，希望能够帮助读者不断反思探索，不断突破自己的认知边界。

产品经理这个职业入门简单、进阶难，互联网金融产品经理更是这样。即使在一个方向持续精进1~2年，也不敢说自己对互联网金融已经了解透彻了。所以，不忘初心，努力攀爬。

## 5.2 刻意练习与主动获取

瞬间提高效率和增强自信心的学习方法

人的一生都需要不断学习，俗话说，活到老学到老，所以，如何高效学习就是一个重要的课题。在开始本小节内容前，请你先思考三个问题。

- 你是否陷入了知识的幻觉？
- 什么是主动学习和刻意练习？
- 如何主动学习和刻意练习？

### 5.2.1 你是否陷入了知识的幻觉

今天的我们处在一个信息爆炸的时代，每天不但要完成工作任务，还要学习各种知识。新名词、老概念充斥着我们的生活，复杂的概念太多又晦涩难懂。有限的学习时间内，我们被大量的鸡汤文和良莠不齐的知识碎片信息所裹挟，付出了时间和机会成本，麻木又盲从。

不过可喜的是，越来越多的资深产品经理愿意主动分享经验，并真正地输出实操类的干货，践行着“输出就是输入”的名言。

时光的轨迹下，很多产品在大浪中迷失和消亡，用户的欲望让产品人不断地调整和变革思维模式，更注重以用户视角思考问题。

我相信，很多的产品新人都会关注多个微信公众账号，收藏多个产品经理论坛和网站，没事就去参加各种产品经理大会，百度网盘里面存储了几个 GB 的电子书籍和“干货”资料。

醒醒吧，你都错了！你会真正看完吗？

这些都是知识的幻觉，在心理学中称为预先体验效应。很多时候我们在保存这些资料的时候，大脑会产生多巴胺，认为自己已经得到并掌握了它们。

预先体验效应是指人的大脑在想象自己做一件事情的时候，尽管自己没有做这件事情，也会产生一种我已经做完这件事情的感觉。

还有一种安慰剂效应，也称为受试者期望效应（Subject Expectancy Effect），是认知偏见在作怪，这种情况会让你的潜意识得到很大满足。

Henry K. Beecher 博士做了一个著名的实验，首先他把病人分成两组，给 A 组病人吃一种有药物功效的药品，而给 B 组病人吃一种没有任何药物功效的药品，同时跟这两组人说，你们都吃了有效的药品，最终发现，A 组吃了有药效的药，治好了病，B 组吃了没有药效的药，他们的病也好了。这就是安慰剂效应。

这是我的百度网盘的冰山一角，如图 5-2 所示。每次点击保存资料的一瞬间十分兴奋，但是大部分资料我并没有看过。不过还算有价值的事情是，每次有人和我要某某资料和某某模板的时候，我都可以很快提供给他，把这种虚幻的感觉传递给下一个人。我真心希望大家拿到一份资料后可以认真地看完，重视质量而不是数量。

图 5-2 网盘资料截图

我们每个人的时间都是有限的，所以要利用好自己的时间，高效地获取知识和学习当下最需要的技能，脚踏实地地一步一步前行。

### 5.2.2 什么是主动学习和刻意练习

我们先来看一个例子，我的一个学生准备进军互联网金融行业，他自己撰写了产品经理学习计划：

- 每天 2 小时读书，阅读产品类和金融类书籍各 1 小时；
- 每天学习画一页原型，阅读有关 Axure 的书籍；
- 每天和能够让我坚持进步的人聊天，向他们学习；
- 每天看产品 100、36 氪、虎嗅等网站；
- 每天上知乎，看看别人对产品的心得；
- 参加每年的产品经理大会；
- 下载最近流行的 APP，偶尔写出自己的想法。

看完这个计划，有什么感受？这位同学的主动性是有了，但是缺乏真正的实操或者说学习缺乏系统性，学习路径和频次都有问题，不能快速进行内化。这样的学习方法是不可取的。

### 5.2.3 如何主动学习和刻意练习

从方法论的角度来看，学习可分为“记忆”“理解”“分析”“评估”“总结”“创造”六个层次，每个层次对应具体的执行层面。这个方法论称为刻意练习六步法则，即：看看、比比、想想、临摹、再比比、试着改。

这个方法同样适用于金融产品的学习，我们用一个线上信贷产品的案例给大家讲解这个法则的使用方法。

第一，看看。先去看这个行业的报告，找到最主流的信贷产品列表，选择两款正规公司的产品进行下载，寻找到体验口碑较好并合规守信的学习目标。

第二，比比。利用竞品分析方法对两款产品进行产品功能、交互流程体验等维度的分析，并对核心流程操作页面进行截图保存，反复对比差异性，形成对基础用户流程的初步认知。

第三，想想。在对比的过程中，思考两款产品的流程差异性，同时结合互联网金融知识思考背后可能的影响因素，例如风控策略、产品定位、设计理念、客户信息厚度等方面的差异性，进行思考小结。

第四，临摹。将以上体验的核心流程使用 Axure 软件进行界面还原，梳理交互走向，同时把遇到的主逻辑和分支逻辑绘制成流程图。原型的临摹过程既是为了熟悉软件操作，也是快速产生多巴胺的过程，为后续的学习过程建立兴趣基础。

第五，再比比。拿着自己制作的原型和线上产品进行再次对比，对之前没有体现的细节信息，尤其是异常分支逻辑进行二次补充，例如负向反馈提示条、挽留弹窗等。反复多次完善自己的方案，追求最大化的真实度（不需要上颜色，只考虑逻辑和布局）。

第六，试着改。在对以上作业进行反复打磨的过程中，尝试对体验过程中感觉较好的功能和逻辑进行总结，并重新设计一份自己的产品方案，加入自己的思考。如果有机会，可以主动去请教身边的专家和老师，得到更有价值的指点。

通过这样的刻意练习，你可以有条理和快速地掌握产品经理的思考过程，形成自己的认知体系，同时可以不断积累自信心。找对方法，刻意练习，自驱成长，希望这个刻意练习的独门方法对你有所启发。

## 5.3 产品经理也需要懂点技术

技多不压身，不懂技术的“产品”不是好“运营”

### 5.3.1 懂技术和会技术的界限

如今的互联网产品经理一定是多面手，互联网金融的产品经理更是在此基础上，还需要掌握大量的金融知识和业务知识。金融产品全面互联网化的进程中，使用了大量的互联网科技手段。传统的一笔线下借款，又是面签又是核实信息又是签合同，流程烦琐，如今在一款 APP 里面，动动手指点点头就可以完成，背后就是大量的高科技手段。作为互联网金融的产品经理，在设计功能时必须要了解这些技术手段的优点、能力瓶颈以及适合的使用场景，从而更好地设计产品功能。不管是产品经理还是运营经理，都需要适当地了解一些技术原理，百利无一害。

网上有个段子，一名产品经理提了一个需求，希望实现通过手机软件来控制手机外壳的颜色。很多人吐槽这个产品经理异想天开不懂技术。乍一看这个需求的确是有些搞笑和无厘头，可是后来还是有人给出了解决方案：通过蓝牙通信建立软件和硬件的通信技术，配套开发一款可以变颜色的手机壳，同时开发一款可以和其交互的 APP 软件，就可以轻松实现手机软件对手机壳颜色的控制。

从某种意义上讲，研发没有实现不了的需求，只是需要思考这件事是否值得去做。现在越来越多的研发工程师不是简单地执行产品经理的需求清单，接到需求时，都会询问这个需求的价值、目标和预估收益，根据这些信息的输入，综合评估给出更合理的技术方案和优先级排序。这样的合作模式是良性的模式，可以提高人效价值。

现在大部分的金融类产品都以移动客户端为载体，这时，产品经理在手机设备方面的知识储备就格外重要，iOS 和 Android 的交互差异、不同机型的适配规范、Push 的发送机制、权限获取方式、隐私权限清单、设备端能力的调用能力及差异，等等，这些都是最基础的技术知识。这些技术对应的产品模块也都是金融和交易类产品最敏感的模块，很多细节都需要产品经理了解后才可以完成最终的完整方案设计。

产品经理不需要去敲击代码，不需要了解复杂的工程算法和程序语言，但是需要能听懂研发工程师表达的信息，能清楚地知道不同技术实现方式的差异和优缺点，能大体评估出研发的预期成本和研发实现的可行性。这样的产品经理才是研发工程师喜欢的产品经理。

很多有关产品经理的书籍都一致表达了产品经理需要懂技术的观点。技术方面的专业术语很多，这里从做金融类 APP 产品比较常见的技术内容入手。相关的技术术语和技术方案在我们的日常工作中会高频出现，合理选择最佳技术方案有利于高效顺畅地合作和完成项目推进。

### 5.3.2　APP、SDK、H5、API 的差异和使用场景

在实际工作过程中，金融业务和产品一定需要一款容器去承载。金融产品和内容、社交、娱乐、电商等类别的产品都不太一样。比如我们设计一款小说阅读类 APP 产品，可以有很多的技术方案，可以是 PC 网站，也可以是 H5 移动端网页，也可以是独立的 APP 客户端。小说阅读类产品的核心功能包括注册、登录、搜索、阅读、管理等，都很容易实现，并且在不同的技术方案和容器方案里都相对通用。

而金融类的产品首先考虑的是安全性、隐私保护、信息的合理获取，然

后才是用户体验、交互流程等。而安全性和隐私保护的重要性要求我们必须使用一种相对封闭的技术方案去进行实施，移动客户端 APP 就是被普遍认可的容器之一。

在这样的一个封闭的容器内，除了对安全性的考虑外，还有一个重要因素就是金融业务开展过程中需要通过合理、合法、合规的手段，在适合的场景下获取用户的个人信息，从而完成一次安全和互信的业务交易行为。

以现金贷的产品设计为例，现金贷分为授信、用信、还款等核心流程，每一个流程都需要通过用户主动输入和被动授权采集的形式来获取用户相关信息。由于实现载体的技术瓶颈，很多用户信息是无法通过 H5 网页进行获取的，只有选择 APP 或 SDK 的方案去实现对应的诉求。

比如，设备指纹、imei、通讯录信息、短信信息等这些信息只能通过 APP 或 SDK 的技术方案去获取。再比如，在进行活体人脸反欺诈验证时，通过 H5 的活体验证方案需要用户拍摄一段视频然后上传再进行结果判别，而如果是在 APP 内，则可以实时云端完成采集比对，大大提升客户体验以及识别准确率。客户感知差异和业务转化率的差异是很明显的，而这些就是产品经理在设计时必须考虑的技术因素。

SDK 不能单独存活，需要寄宿在一款 APP 内，完成对应的功能实现。目前很多分析类和支付类的产品都采用 SDK 的方式进行输出，比如支付宝的支付 SDK、神策分析的 SDK 等。很多金融科技的产品也倾向 SDK 的输出方案，既可以保证技术层面的安全性，也可以保证客户体验最佳，同时由于核心功能已经封装到 SDK 内，合作方 APP 的接入成本也是较低的，是一种比较平衡可靠的合作模式。

很多金融产品会提供 API 的合作模式，只提供底层数据结构和数据原始信息，这种方式最大的好处是不需要输出方提供完整的用户 UI 界面，界面由输入方自行设计绘制，输入方可以将多家的 API 服务进行集成，整合后设计一套自有流程页面，从感官层面保证客户体验和品牌的一致性，弱化背后多家对接产品的信息。这种合作模式对于输出方来说，无法完整把控客户体验，品牌宣传的话语权也相对较低。

所以，不同的方案各有利弊，除了技术原因外，合作双方的耦合意愿度和业务合作诉求也是影响因素。

为了更好地理解 APP、SDK、API、H5 之间的关系，下面进行知识点展开及关系解读，如图 5-3 所示。

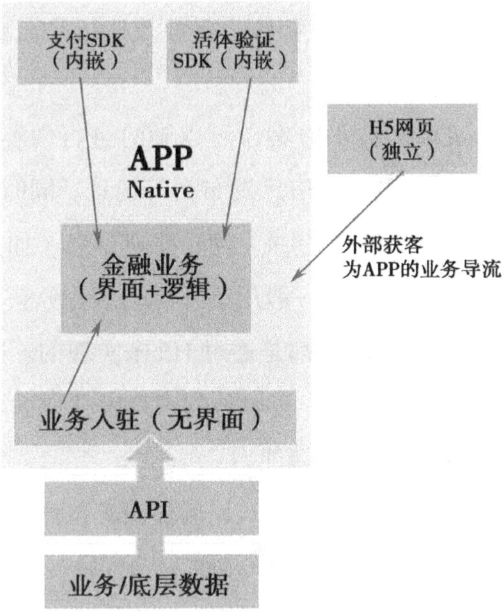


图 5-3　APP、SDK、H5 之间的关系

综上所述，可以总结出快速记忆的核心知识点。

第一，APP 是最完整的闭环生态，给用户的品牌感知最强，但是推广成本最高，安全性和技术支持能力最强。现在主流的互联网企业都有一款自己开发的 APP 客户端，金融类的产品也是优先选择 APP 客户端作为业务的承载容器，例如支付宝、京东金融、度小满、360 金融等。

第二，SDK 是在安全性、隐私保护、技术支持能力上基本对齐 APP 的方案，很多能力可以调用和复用 APP 本身的能力，可以快速集成到其他 APP 宿主中实现相关业务的快速输出。比如爱奇艺 APP 集成支付宝 SDK

可以快速实现支付服务搭建，知乎 APP 接入某现金贷 SDK 可以快速提供现金贷服务，度小满金融 APP 接入天翼一键登录 SDK 可以快速实现手机号码免验证码的一键登录服务。当然，SDK 也有缺点，其功能更新需要依赖 APP 升级发版，不过这也是 APP 的特性，天然不如 HTML 网页更新自由灵活。值得注意的是，目前 APP 的技术能力也在飞速进步，已经支持动态热修复、H5 混合布局动态化等技术方案，少量和简单的功能是可以支持不发版动态调整的，新业务模块和核心界面改造还是需要通过发版升级来实现。

第三，H5 是最灵活的技术方案，可以随时进行内容调整和代码下线，适合营销获客类、内容资讯类、信息发布类等场景。同时 H5 的方案可支持简单的金融场景使用，比如账户登录、简单基础信息（如身份证照片、征信授权、联系人信息等）的收集，一般用于外部金融业务获客，是较好的引流工具和业务载体，很多运营活动都是通过 H5 来实现的。微信小程序内的页面也属于 H5 的范畴，只不过有一套单独的 HTML 代码编写规范用来提高开发效率和更好地调用微信 APP 的端能力。

第四，API 是偏数据层的合作模式，通过业务数据输出的方式进行金融服务，特点是 API 输出不含前端用户界面，只有后端的数据传递和互信互通，在外部金融服务输出中也有较多的使用场景。例如爱奇艺 APP 的借钱频道就是自己绘制交互界面，后端对接了多家信贷服务商的产品。在企业内部的使用场景中，APP 和后端系统的数据交换和信息调用也是通过 API 接口的方式进行通信，这种就是常见的前端和后端的配合逻辑和数据合作逻辑，前端页面的动态信息都来自相应的后端系统。

### 5.3.3 系统端能力对于互联网金融的重要性

前面提到不同容器介质的差异性和使用场景，在进行一次完整的金融交易时，尤其是信贷业务的流程中，需要用到大量的系统权限，现在对于 APP 的权限申请和隐私授权有很严格的合规要求，所以合规的互联网金融 APP

在进行业务流程设计时，对非必要的权限申请都进行了删减，遵守最小化原则，只保留必须使用的和当前场景必须使用的权限，同时进行强授权提醒，在得到用户许可后才可以调用和获取。下面是一些比较常见的权限清单，大部分 APP 都会用到。而这些权限在使用时都需要设计对应的产品流程和提示模块，产品经理需要对其有清晰的认知。

Android 使用权限列表：获取地理位置权限、读取手机信息权限、读取手机联系人权限、访问相机权限、访问存储卡权限、录音权限、手机网络状态权限、Push 通知权限。

iOS 使用权限列表：访问相机权限、访问通讯录权限、定位权限（获取地理位置）、语音访问权限、访问媒体资料库权限、添加内容到相册权限、访问面容 ID 权限（活体验证）、手机网络状态权限、Push 通知权限。

### 5.3.4　不同技术岗位的定义和分工

在产品经理的工作过程中，不同的产品形态需要不同的研发工程师进行配合。了解研发工程师的分工可以更好地进行需求沟通和项目落地。下面列举一些常见的研发工程师的工种，其中会用到英文代称，如 FE、RD，这些代称在互联网大公司内部会被经常使用。这里的研发工程师是广义概念，测试工程师和数据工程师也算在其中。

前端 RD：一般指开发 APP 的工程师，利用 Xcode、Android Studio 进行 iOS 和 Android 的开发。如果你需要开发一款 APP 或者改进 APP 内的功能就找他们吧。

后端 RD：一般指后端系统的工程师，例如 API 接口、cms 配置后台、风控管理系统都属于他们的工作范畴。在某些场合和企业，不区分那么细，研发工程师统称为 RD。

FE：前端工程师，特指开发 HTML 页面的工程师，H5 的页面都是他们负责。JS、div+css 是他们经常提到的词语。

OP：运维工程师，负责数据机房、服务器及网络设备的维护。举办大型促销活动的时候，一秒钟高并发流量的承载力支持少不了他们的功劳。

DBA：数据库管理员，负责数据库的维护和管理，保证数据安全和可靠。

BI：数据分析工程师。金融服务每天产生大量的数据，他们可以帮助业务及运营部门快速产出需要的数据报表和开发对应的分析工具。

QA：测试工程师，产品上线前的守护神，测试用例、可用性测试、功能测试、黑白盒、压力测试、测试准入报告等是他们的代言词。

选择最适合自己的赛道，在产品经理的道路上不断前行，在不断试错的过程中积累经验，正所谓技多不压身。自身知识储备和综合能力的沉淀是需要持续的自我驱动来成就的。同时，职场伯乐的加持也是可遇不可求的关键因素。

# ◆ 第 6 章 简历包装独门实操秘籍

婴儿出生后会有一张出生证明，证明其来到了这个世界，并有了一个属于自己的名字。结婚后，你会和伴侣拥有一张结婚证，证明你们的关系和爱情。商务谈判双方会互相交换名片，以便后续的沟通联络。不同的场景下，我们都需要一种介质作为连接的载体。

简历就是你在职场的名片，记录着你的过往经历、个人优势、专业能力和工作业绩，是你和 HR 建立联系的桥梁。在这个节奏飞快的时代，很多人的简历并不能打动 HR 和面试官，甚至不能正确表达自己的优势并因而被埋没。

## 6.1 简历就是你的第一份作品

酒香也怕巷子深，重新审视自己的简历

产品经理经常使用各类思维模型指导日常工作和进行思考决策，比如用户思维、同理心思维、结构化思维、金字塔思维、细节思维、目标驱动思维，等等。这些思维模型同样适用于你的简历，因为简历就是你呈现给 HR 的第一份产品。下面我们一起来看看如何使用这些思维模型进行简历框架设计和内容表达。

### 6.1.1 同理心思维也适用于写简历

我们需要明确简历的“受众”是谁，通常情况下是 HR 或者直接用人者。你的简历到达 HR 或者直接用人者的手上时，他们的邮箱可能已经挤入了几百封应聘邮件，同时他们还在处理自己的其他工作，所以阅读一份简历的时间是十分短暂的，而你这时候需要做的就是开门见山，第一眼就让他了解你的优势并能说到他的心坎上，让他产生留下这份简历并且给你打电话约面试的“冲动”。在大型互联网公司内部，面试官会有“认证面试官”的培训和考试，通过系统化的学习可以更有效地发现符合条件的简历和洞察到简历中的亮点，并通过科学高效的面试过程选出符合业务部门实际需求的人。作为求职者，你需要做的是了解 HR 筛选海量简历的场景，换位思考，精准地表达出你和职位的匹配度，减轻 HR 的筛选负担，快速突围。

### 6.1.2 被传播多年的三大简历误区

我接触的一些面试者和职业规划咨询者，他们的简历中出现的错误都十分类似，大部分都触碰了同样的红线，一定要尽量规避。

**误区 1：简历必须一页纸。**

很多猎头和 HR 都会和求职者说，简历最好控制在一页内，因为这样可以节省 HR 的阅读时间，还可以节省打印纸张的成本。所以我看到很多人不管有几年经验，项目有多少，介绍的文字密密麻麻地挤在一页里，字号和字间距压缩得让人看不清楚。这样不但没有把自己的项目和能力说清楚，反倒让阅读成本陡增。所以一页纸的理论只适合刚毕业和经验较少的求职者，针对校招的同学如果有几次实习经历，一页纸完全是不够的，建议设置 1.5 倍的行距，留出简历的呼吸感，2~4 页的篇幅都是合理的。

**误区 2：彩色简历会脱颖而出。**

网络上有很多类似“500 份优秀模板大全”的资源包被大家收藏，里面绝大部分都是一些五颜六色的模板和五花八门的排版形式。在我看来，这些模板最大的特点就是费墨，撰写者陶醉在自我欣赏中，完全没有考虑撰写简历的初衷和真正阅读者的诉求。一份专业的简历需要体现的是你的核心优势、工作经历以及业绩。简单干净的色调更能体现你的专业度，并最大化地突出你的文字内容和其中的数据，而不是喧宾夺主。当然，如果你是一位视觉设计师或艺术工作者，使用绚丽的 PPT 和通篇的图形来制作简历无可厚非，因为设计师需要表达的就是创作能力和对视觉语言的理解。用户差异化的思维决定你的简历样式。

**误区 3：左右分栏的模板更清晰。**

很多人都喜欢使用分栏的模板撰写简历，常见的有左宽右窄和右宽左窄的分栏形式。窄的一边放自己的名字、基本联系方式和教育经历，宽的一边放工作经验和项目经验，整体看上去层次分明。如果换个角度来看，你会发现其实这增加了阅读成本和漏读信息的概率。

在界面设计和视觉传达领域有一个 F 型阅读理论，产品经理应该都有了解，科学家通过眼动实验的热力图分析，发现大部分用户在看到一个界面时的阅读路径和眼动轨迹是从左上角开始，然后横向向右阅读，再继续向下阅读。而在阅读一份左右分栏的简历时，当阅读者（HR）横向阅读完最顶端的内容时，会不自觉地阅读简历中最大篇幅的有关工作经验的内容，从而忽略了左侧的信息。很多人会把专业度优势和知名大学的教育背景等内容放在左侧，而被 HR 忽略。我们可以想想撰写一份产品需求文档时的情景，是否都是从上到下逐段撰写，按照模块化的层级阐述你的需求内容呢？

建议大家撰写简历时，优势前置，格式统一，样式简约，逻辑清晰地表达自己的个人优势。

### 6.1.3　结构化表达是提升专业度的法宝

我们从产品经理的视角来看，一个好的产品方案都是存在设计原则和表达逻辑的，有内容优先级和核心目标。简历也是一样，要把最想让阅读者看到的内容前置和突出表达出来，每一个模块、每一行字都有它的逻辑。

一份好的简历需要包含几个模块：基本信息、求职意向、教育经历、个人优势、工作经历、项目经验、兴趣爱好、相关作品等（如图 6-1 所示）。

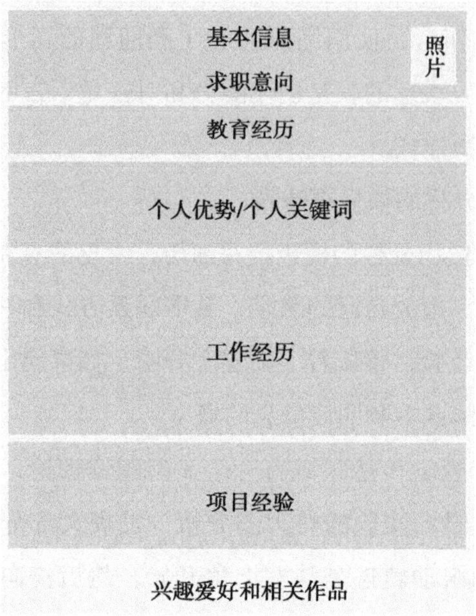


图 6-1　简历框架

**1. 基本信息**

基本信息包含几个内容：姓名、年龄、工作年数、电话、邮箱、照片。简历的最上面不需要写“个人简历”字样，把宝贵的资源留给更重要的内容。顶部写姓名，然后用一行的位置来排列年龄、工作年数、电话、邮箱。可以把照片放在右侧，也可以不放照片。邮箱尽量不要用 QQ 邮箱，可以使用有商务风格的 163 和 sina 等邮箱，海外邮箱存在退信等不稳定性，也不建议使用。电话号码去掉“( +86 )”，并采用“344”分段格式隔开，便于阅读，例如“130 6666 8888”。

**2. 求职意向**

在基本信息后用单独一行写明你的求职意向，并写清楚你的期望工作地区。例如“支付产品经理，北京”。如果有多个尝试方向，可以调整为不同的版本。

### 3. 教育经历

教育经历模块的位置根据自己实际教育情况可以动态调整。如果感觉自己的教育背景较占优势，同时所学专业和求职岗位有契合度，可以放在求职意向的后面，例如“某 211 大学，硕士，计算机专业”；如果没有太多优势，可以放在简历的最后，从而把简历最宝贵的位置用于介绍个人优势和工作经历。那种学历不高但是专业知识过硬的求职者也是十分被青睐的。记住：你的简历就是最大化地体现你的差异化优势，每个人都是独一无二的发光体。

### 4. 个人优势

这个模块也可以叫个人关键词，用 3~4 行文字来结构化表达你的优势和差异化能力，让 HR 可以一眼看到和招聘职位能力匹配的内容信息。这个模块的目标是让不太熟悉业务的 HR 能快速捕获招聘职位能力的关键词，同时快速筛选意向简历，提高被选中的概率。个人优势一般包含几个维度：产品设计和管理能力（从 0 到 1 的闭环产品项目管理经验，从需求、设计、管理到运营的实操经验等）；专业知识能力（熟悉支付产品知识和业务逻辑，了解信贷风控系统的设计等）；软技能（复杂项目沟通经验等）；差异化技能（会计证、PMP 证书等）。

### 5. 工作经历

这是简历除个人优势外最核心的内容模块，撰写时有如下几个细节需要注意。

- 多段工作经历的排序，最新的工作内容放在最前面，按时间线依次排列。
- 每一段工作经历先列出起止时间、所在公司和职位名称。
- 如果求职者的公司不是很有名，但是公司的产品比较有名，则可以改为产品名称或者用括号进行备注，如“北京三快在线科技有限公司（美团网）”。
- 职位名称尽量完整，如“资深风控产品经理”“新媒体运营经理”，而不是“风控产品”“新媒体运营”。

- 在描述工作内容前，可以对公司的情况做一个简单的说明，尤其是创业型的公司和专业领域的公司，不一定所有的 HR 都了解，说明内容可以从公司官网获取进行精简。

- 工作内容的描述请按照结构化和工作流的思维去撰写，每一条的开头请提炼一个核心词作为引词并使用加粗字体，每一条内容的基本格式为“核心词：独立负责 ×× 项目，完成 ××、×× 方案输出，实现 ×× 数据提升了 ××%”。

- 一段工作经历一般包含 4~6 条内容，按照以上的工作分层逻辑进行表达，同时，每一条都要写清楚是独立负责还是参与负责。你在一家公司所负责的工作可能有很多，但是不可能每一项都是亲力亲为和独立完成的，需要说明每份工作的权责层次。

- 最近的一份工作是最重要的，很多 HR 也会重点看这份工作的内容。你需要体现出差异性和成长性，让人看出你在最近这份工作中的进步。很多人在进入一家新公司后，都做了更高阶的事情或承担更大的责任，却没有写出所负责工作的高度和价值。除了结构化表达不足外，专业用语的提炼和表达不到位也是一个原因。后面会专门讲述如何表达来体现你的行业认知专业度。

### 6. 项目经验

很多求职者的简历中会包含一个独立的“项目经验”的模块，这里我想说的是，是否把“项目经验”独立出来取决于你的项目数量和关联度。如果你在一家公司中负责的项目比较少，项目本身没有太多亮眼的上线数据，建议和工作经历合并。反之，如果你的工作经历偏 B 端或者是企业外包型的，项目经验可以单独介绍。重点选择 2~3 个有较好结果的项目，而不是每一个项目都列举出来。这里的原则是少即是多、重点突出。你要知道，“项目经验”的模块已经在简历的偏下位置了，对于介绍多段工作经历的简历来说，甚至已经是第二页的内容了。从阅读的过程来看，阅读的权重已经大大低于前面的“工作经历”，更多的是经验资历补充的作用。

同时每一个项目的内容需要和前面的工作经历进行呼应，每一个项目都需要有一个能力的侧重点。比如 A 项目重点讲你做了完整的前期调研工作，体现需求定义能力，B 项目重点强调这是一个 10 个团队合作的项目，体现管理能力。如果发现每个项目的复杂度和周期都没有差异，建议进行合并，缩减篇幅。简历可是寸土寸金。

**7. 兴趣爱好**

这个内容模块因人而异，通常建议放置一些软技能和体现个人生活层面修养的内容，比如摄影、舞蹈、书法等。如果没有这些内容，也可以简单地写一些突出能力，篇幅不宜过长。

这里需要强调两点：熟练使用产品经理和运营经理的某某软件和某某工具不需要写入简历，除非你是刚毕业的学生；如果有一些硬证书和硬专业技能，如英语专业八级证书、PMP 证书、证券从业资格证，这些硬货内容请不要放在最后，请自信地提炼出来，放到前面的“个人优势”中。

很多人觉得简历大同小异，撰写的注意事项和 STAR 方法论也都类似。但是仔细分析下来，每个人的简历都是独一无二的，人云亦云的简历模板并没有太大的用途，核心价值还在于体现个人优势和与其他竞争对手的简历拉开差距，细节往往就是所在行业从业者对你实际工作内容的理解和专业用词的表达。

**8. 相关作品**

新入行的或初级产品经理，可以在简历后附一份你的作品，可以是竞品分析报告、对公司产品的理解、原型作品、需求文档等，当然也可以放一个网盘地址，这个模块不是必备项。重点还是前面的内容表达，接到面试通知后，将作品带到面试现场也是可以的。

### 6.1.4　用词专业一点点，吸引力翻倍

从互联网从业者的角度来说，每一份工作都有圈内的专有性词语，这些词语会在工作过程中被大量提及和使用，而正因为常用于每天的工作中而被

大家忽略和弱化。有效合理地使用专业用词可以极大地提升简历的格局和专业度，从而让 HR 产生超出预期的好感。而懂得如何将繁杂的工作进行抽象和提炼也是产品经理和运营经理的必修课。

这里举几个例子给大家一些启发，很多共性的点是可以复用的。实际撰写时，不同职位和工作内容还需要针对性提炼。同时简历中提及的内容一定是自己亲自做过的，而不是为了显示专业度而作假，真实性还是第一要素。

**1. 用词专业度**

原始版本：设计风控产品的功能及流程，完成风控信息收集和整理，取得不错的效果。

修改版本：独立完成信贷风控系统的产品框架搭建和产品功能模块设计，针对风控诉求，收集整理风控必备决策因子和相关用户数据采集项，提升风控信息厚度，实现授信通过率提升 1%。

思路分析：有完整产品设计过程和目标，使用专业名词，有最终指标定义和结论。

**2. 结构专业度**

原始版本：完成了竞品分析报告撰写，调研了 3 家潜在企业现状，形成结论方案，并完成了问卷调研和多次用户访谈记录。

修改版本：独立负责 ×× 产品的竞品分析和用户画像分析工作，针对金融产品的受众差异性，选取核心用户进行线上问卷投放和线下用户访谈，并亲自深入企业调研 3 家头部企业现状，总结竞品优势和企业诉求，形成 5000 字的竞品调研和产品改进思路报告。

思路分析：按照执行路径去阐述过程，让人看到你是真正的执行者和执行的细节。

**3. 数据专业度**

原始版本：设计有奖大转盘运营活动，针对新客客群进行拉新，完成新增注册 100 人，奖品发放金额 1000 元。

修改版本：独立完成新客拉新活动的策划和执行，完成大转盘运营活动的设计和落地工作，跟踪活动效果并完成数据分析，关注注册量、奖品预算、ROI 成本、活动参与率等核心指标，完成新增用户 100 人，预算消耗 1000 元，活动参与率 20%，获客成本降低 6%。

思路分析：运营类的项目尤其需要突出核心指标观察和业务转化数据，体现你的工作价值。

**4. 思考专业度**

原始版本：负责 APP 的功能设计和多个版本的迭代管理，与多个团队沟通，顺利完成团队配合和项目上线，并完成项目汇报和产品功能培训。

修改版本：独立负责某 APP 的产品功能规划和设计，建立需求池管理机制和跨团队沟通机制，形成项目管理规范和需求池迭代计划，并按时完成 6 个版本的上线落地，同时独立负责产品手册的撰写、产品培训计划的制订和实际培训工作。

思路分析：很多人都是独当一面的产品经理，执行的过程很重要，但是别忘了你其实还做了很多规划和规范建立的事情，可能不是很专业，但是你需要体现你在此方面的思考。

优秀的职场人需要重视文案的力量，你会发现工作过程中的项目汇报材料、晋升答辩材料、年度总结报告、项目立项书等，是不是都需要学会提炼价值和进行包装呢？

所以，结构化表达、专业度提炼、金字塔原则都是简历升华的基本思维框架。包装简历并不是一个贬义词，我在近两年的时间里，帮助了几百名求职者包装了他们的简历，并让他们快速找到了新的归属和符合自己职业喜好的归宿。这一切都是很美好的过程。所以说，重新提炼和包装自己简历的过程也是体现你的自我职场价值和思考深度的过程。

### 6.1.5　画龙点睛的 5 个简历投递细节

第一，简历用 Word 撰写后，导出为 PDF 文件。避免 Word 文件被打开时因版本不同而出现格式错乱，同时排版时不要选择正反面排版。

第二，简历的文件名很多人会忽略，草率地写“××的简历”是不合格的。很多简历系统会做自动分发归类，完整清晰的文件名会提高被关注的概率。正确的写法是“姓名-工作年数-意向-关键词”，例如“降峰-15年工作经验-金融产品经理-增长获客、数据分析”。

第三，投递方式，建议大家自己投递，而不是通过招聘网站一键分发，很多时候招聘网站发送的邮箱是无法直接回复的，应聘邮件会存在进入垃圾邮件箱的可能。

第四，正文请简单写明来意和最核心的个人优势。正文不要太长，细节内容看附件即可。

第五，如果有内推渠道，优先选择，同时要注意内推渠道和外部投递渠道是否存在冲突。

## 6.2 三分钟找到适合你的简历模板

不同阶段，不同方案，在千人千面中找共性

简历的目的让对方快速了解到你的优势和能力并将你匹配到对应的岗位上，所以，不同阶段、不同职场年龄的求职者的简历也需要有不同的侧重点，不能写得太大也不能写得太小。什么段位写什么段位的内容，重点还是快速获得HR的匹配，让求职者最合理和最大化地体现能力价值。这里列举了一些不同阶段的分类，不是最全，但是比较具有代表性。

### 6.2.1 刚毕业的你如何写

这个阶段的求职者，在简历框架上需要突出自己的教育背景和校园实习经历，同时多体现你的学习能力和获取新知的能力，对于校招生来说，HR更看重的是你的发展潜力和学校求学阶段的主动性。如果有完整的实习经历，一定要写。实习经历的表述上要多写具体的执行过程和具体的输出产物，少写思考框架和大的产品方法论，尽量踏实落地。同时校园的荣誉也是加分项。简历请写得简约清晰，按照职场人来要求自己，不要用花里胡哨的简历模板去撰写简历。

### 6.2.2　工作 1~3 年的你如何写

这个阶段的求职者，已经有了自己的实际职场经验和一些项目的历练，但是还不是很成熟，对于较为复杂的项目还缺少把控力。建议还是以项目执行和具体输出物的表达为主。可以根据实际情况适当加入 1~2 条管理规划的工作内容，同时尽量避免较为空泛的表达，例如“完成了金融业务生态建设”“撰写了企业盈利性规划”，当然有些创业公司的求职者已经是 2 年的产品总监的角色了，那么可以更多地向“5 年以上”的写法对齐，核心是你要能说清楚你的项目框架和对应的价值。这里的“2 年”和“5 年”也不是绝对的界限，只是一种为了表达简历差异性的简单分法。

### 6.2.3　工作 5 年以上的你如何写

前面提到产品经理的职业晋升有 5 个阶段，这里提到的“5 年以上”是指可以更多地负责一些复杂完整的业务线，并更多地进行规划、框架和模式的思考，而不单单是设计原型、撰写方案和项目进度管理这么简单了。这样的求职者，在简历内容上可以更多地从设计及管理制度建设、需求优先级及节奏计划把控、产品生命周期规划、业务生态模型建设、运营体系框架搭建等角度去表达你的价值。而这些也是资深产品经理的必备技能和日常工作。

### 6.2.4　跨界转行的你如何写

对于非互联网金融行业，甚至是非互联网行业的转行者来说，简历需要更多地写清楚你之前公司的产品定位和你在公司内的具体工作内容，从广义的产品经理的角度去体现你的理解能力、执行能力和数据分析能力等通用性的硬技能。一个好的产品经理从某个角度来看，不管是做电商，还是做社交，还是做企业 CRM，基本的工作内容和方法都是类似的。重点是你的理解能力和快速学习的能力，还有结构化的输入整理和再输出的能力。对于互联网金融产品经理来说，除了产品经理的基本功外，需要重点叠加的就是金融的业务知识。这个能力可以通过总结、分享、讲课和写作等方式快速锻炼和提升，不断内化于心。

之前有一名从业 6 年的医院护士找到我，他希望进入互联网行业做产品经理，我给他的方向是先进行快速的产品经理课程的学习，然后有针对性地补充互联网知识，同时对其医疗的专业知识优势进行整体规划，最终他进入了一家线上问诊的互联网企业，得到业务产品经理的职位。

还有一个案例是一名海外知名大学的毕业生，法语很优秀，不甘于在老家从事少儿外语培训的工作，通过同样的思路和方法，选择最适合自己的职业角度，进入了某线上翻译互联网公司，得到法语业务线的运营产品经理的职位。

如今想跨行做产品经理的人太多了，他们找到方向和个人赛道后，都是很棒的职场新力量，而简历就是第一道门槛。

### 6.2.5 从传统金融行业转到互联网金融行业的你如何写

在互联网金融的企业内，有很多传统金融机构的人，他们有专业的金融学习背景和学术认知，但是不甘于现状，希望在互联网企业的氛围中体会激情和创新。针对这样的求职者，我的建议是最大化地体现专业背景和专业证书，利用好自己的传统金融机构从业经验和金融业务知识，同时寻找偏后端、策略、业务类的产品经理岗位，例如理财风控策略产品经理、清结算产品经理、理财资产产品经理、老客盈利性测算产品经理等垂直类岗位。他们的专业度是互联网金融企业最好的补充和平衡。

# 6.3　让你瞬间蜕变的金融类岗位简历案例

拿来就改的简历案例，重新认识优秀的自己

互联网金融是一个很大的范畴，产品经理的分工也十分精细，所以不同岗位的知识结构差别很大。通过前面的金融知识和简历框架内容的学习，大家对互联网金融基础知识和简历撰写逻辑都有了一些认知基础，我在这里列举了一些我亲自调整过的金融类产品经理和运营经理的简历，截取了一些不同金融领域垂直类的工作经历内容和表达方法。通过我的调整，内容专业度和结构化程度都有较大幅度的提升，供大家参考。结合前面讲到的简历撰写思路和撰写逻辑，大家可以对照自己的简历进行调整。

## 6.3.1　支付类产品运营简历

支付类产品运营简历示例如下（部分）。

**个人优势**

**1. 熟悉“0—1”的产品构建流程：** 负责过 5 个项目的产品搭建，熟悉产品设计周期全封闭流程，了解需求分析、功能设计、测试上线、培训等节点的把控，了解 PC 端与移动端的交互设计要点。

**2. 了解支付类商户、运营的业务操作系统：** 负责商户、运营等操作系统的多个功能设计，熟悉相关系统的功能架构及前后台系统的关联逻辑。

**3. 善于与商户、支持部门沟通协调：** 负责对接各支持部门、特约商户、合作伙伴的需求，协调内部开发资源，保证项目落地。

**工作经历**

2018.01—2020.01　某支付信息科技有限公司　支付业务产品经理

**1. 市场调研 & 竞品分析：** 独立负责聚合支付竞品调研报告，近 30%

内容被采纳，增设聚合支付产品线，先后迭代优化3版；另参与完成账户类产品（云账户）调研报告，累计输出报告20余页，前后优化4版，产品迭代升级1版。

**2. 业务梳理 & 产品设计：** 对接支持部门的系统操作类、风控安全类、政策合规类需求，完成上线需求设计30+，累计输出原型图20+、流程图20+；对接特约商户，挖掘用户需求，完成上线需求设计20+，累计输出原型图10+、流程图10+。

**3. 客户需求 & 项目管理：** 负责代理商操作系统等项目的产品设计，完成退票对账、APP合作商户产品模块设计优化；重点负责3个品牌商户的需求对接、项目跟进，任职期间完成大小需求10+，并协调支持部门按时完成品牌商户近十几万用户的迁移，获得近千万的手续费收益。

**4. 产品培训 & 商户合作：** 完成所负责产品的公司内外部的培训与沟通合作工作，内容包括不限于新员工产品培训，基础产品、账户等产品培训；独立完成产品培训60+，输出培训文档60+、商户说明手册10+、产品宣传手册5+，内、外部反馈的培训满意度约达7成。

### 6.3.2 理财类产品运营简历

理财类产品运营简历示例如下（部分）。

**个人优势**

**1. 熟悉金融资管理财知识：** 拥有证券从业资格证，专注于互联网金融行业产品×年；从事互联网资管业务×年，独立负责识别底层资产和搭建法律结构，通过平台发行资产近××亿元，兑付期间无逾期；熟悉××等交易模式和业务流程。

**2. “0—1”的金融产品前后台经验：** 参与或负责过多个互联网金融项目“0—1”的产品构建，拥有货币基金质押产品、信贷超市产品等产品的设计周期全闭环过程经验，能够结合市场分析，对目标用户、用户需求、使用场景进行多维度分析，设计功能、流程。

**3. 拥有外部合作商务经验：**具备良好的沟通能力，能独立从商业角度搭建多合作方的交易流程，能够换位思考，实现多方共赢，对客户需求理解迅速、准确，快速形成最终解决方案，熟练掌握内部外部沟通汇报技巧，熟悉业务合作流程并实现标准化流程输出。

**4. 具备金融专业背景：**深刻理解风险和风险收益的关系，对法律法规具备高敏感性，有较完备的规范知识框架，与风控部门能够良好沟通。

**工作经历**

2015.07—2020.02　**某理财类科技公司**　金融产品经理（理财方向）

**1. 外部资产引入、内部资产整合：**独立负责超过 20 家银行、基金、信托、养老保险机构的合作，研究和对接完成各类理财产品，包括货币基金、智能投顾、黄金投资、非标固收及 P2P 产品，深入资产底层识别风险类型和风险大小，利用担保、抵押等增信措施，配合完成产品法律和风险部门审核意见的信息调整，完成项目申报，最终完成产品落地页面设计，配合完成运营方案设计和实施，累计完成交易量 10+ 亿元，累计投资人数超 2000 万人；对集团内部项目，参与负责财务公司融资租赁项目，与银行资产部门共同设计银行理财，参与设计手机营业厅和银行客户端联合营销方案，定向发行资产规模超 6 亿元。

**2. 产品合规性梳理和项目申报：**独立负责对黄金理财、基金直销和基金支付及数十个非标固收项目进行全链条合规性梳理，输出法律关系并配合律师事务所出具法律意见书，负责或配合机构向监管部门申报，在 1 年内促成 35 家金融机构合作的报备。

**3. 项目管理、资产运营策略设计：**独立负责合作项目内外部配合项目进度表和里程碑事件的梳理，上线后的资产管理和产品迭代。

### 6.3.3 信贷类产品运营简历

信贷类产品运营简历示例如下（部分）。

**个人优势**

1. **熟悉信贷理财知识**：拥有会计证，专注于互联网金融行业产品经理3年，熟悉理财、借贷、支付等金融交易模式及业务流程。

2. **“0—1”的产品设计经历**：负责过3个现金贷及消费金融类的信贷项目，熟悉产品设计周期全闭环过程，可结合目标用户、用户需求、使用场景进行多维度分析和流程设计。

3. **数据分析**：定义金融产品运营数据分析指标，使用SQL获取数据，通过分析数据，为产品功能设计及优化提供支撑。

4. **专业设计背景**：对交互、UI设计有扎实的设计理论基础，能有效地将复杂流程和逻辑通过交互形式呈现，在表单、流程、情景、角色的关系把握上具有深厚功底，熟练使用PS、Axure、Sketch。

**工作经历**

2017年1月至今　**某消费金融公司**　金融产品运营经理（信贷获客方向）

1. **市场调研及竞品分析报告**：独立负责用户问卷调研和线下访谈，调研用户500+，撰写研究报告8+；定期分析行业和竞品，完成竞品分析报告30+，为后续产品设计提供支撑。

2. **现金贷业务框架搭建和产品流程设计**：负责前后台产品功能拆解，搭建助贷产品的框架，。参与优化、新增模块30+，撰写原型页面数200+，完成流程图50+，撰写需求文档40+。

3. **项目管理与产品功能迭代设计**：参与完成××贷产品后台授信管理、还款收银台、商户管理功能优化，累计参与完成20次版本迭代及45个模块优化。

4. **合规政策解读与制度制定**：独立负责与风控、法律部门共同完成业务合规文件梳理，并针对外部合作产品和内部产品支撑制定2套独立制度，为业务部门提供合规完备性资料。

**5. 营销活动策略设计和方案落地：** 参与负责用户全生命周期的营销活动，制定用户运营策略，就拉新获客、老用户维护和沉默 / 流失用户召回设计有针对性的营销方案，在用户体验和 ROI 范围内设计 13 套营销方案，包括红包、免息券、抽奖、分享有礼等活动，提高新用户转化和老用户复贷率，拉动余额增长提升 6.5%。

**6. 数据分析及核心指标挖掘：** 独立负责分析业务日常数据和数据平台监控，挖掘核心指标，搭建分析框架，将数据指标分为 12 大类 60 余小类，提升整体数据分析效率，为后续产品迭代提供数据支撑。

### 6.3.4　偏 B 端产品运营简历

偏 B 端产品运营简历示例如下（部分）。

**工作经历**

2018 年 2 月至今　　**某综合金融公司**　　B 端策略产品经理

**客户调研和产品初期的框架设计**

客户调研：独立负责调研 5 个头部客户，快速学习两大知名咨询公司的分析方法，参与产品初期规划和框架设计。

原型设计：基于产品框架，产出详细的原型设计，并持续迭代 19 次，最终获得 CMO 的认可。

**市场和人群的细分、分析能力搭建**

指标设计：独立搭建市场分析的 8 大指标，并拆解出 20 种分析维度，实现对市场进行数字化、结构化的分析。

细分工具：梳理人群的 8 种行为体系和 ×× 个人群标签，设计了 5 种条件组合方式，实现了可对全行业亿级消费者进行自定义细分的开放能力，该功能的使用量始终排名第一。

分析模型：独立负责 8 种人群分析模型设计，协同分析师、算法进行验证，并把模型转化为产品，让产品成为集团内首个可让头部客户对全域数据进行灵活自定义分析的产品，使得产品周活跃率始终保持在 90% 以上。

**产品设计和项目管理**

产品设计：独立负责 6 个核心功能的需求分析、原型设计，产出详细功能 PRD、数据 PRD，累计超过 50000 字。

项目管理：独立负责 5 个里程碑项目，涉及初创期、增长期、融合期；累计负责 35 个产品迭代项目。

**数据安全方案设计**

大盘数据：提出对大盘的销售金额 & 销量分段保序的指数化思路，在产品上实现了可对大盘数据进行分析，但不泄露大盘真实数据。

消费者隐私：参与保护消费者隐私的策略制订，在产品上实现了可对消费者进行分析，但不泄露消费者的隐私。

**策略中心的产品框架升级**

产品框架：调研集团 50+ 核心商户的产品策略现状，将策略中心从以消费者为核心的产品框架升级为全新的人货场产品框架。

产品设计：调研客户不同角色的使用场景，全面梳理集团内关于货、场的数据，并规划货品策略、场的策略的分析功能。

### 6.3.5 偏 C 端产品运营简历

偏 C 端产品运营简历示例如下（部分）。

**工作经历**

2022 年 2 月至今　　**某综合金融公司**　　C 端用户端产品经理

**1. 行业调研及用户画像：**独立负责对核心客户及潜在竞品的调研工

作；设计并实施 5 场线下宣讲，设计并应用 15 份不同维度问卷，最终形成 3 份核心用户画像及用户分析文档。

**2. 功能设计及项目管理：**独立负责小程序、PC 端、APP 端学习平台的产品需求文档 PRD 的产出，从而整体把控产品上线节奏及进度，累计完成 8 个大版本迭代及 20 多个模块设计。

**3. 数据分析及用户增长：**核心指标框架搭建，学习模块核心指标包含了学习时长、支付完成率等；通过百度统计、阿里云 MaxCompute 进行分析，用户数每月增长 20%，使用时长平均增加 30%。

**4. 营销体系搭建及执行：**参与负责整体营销活动规划及执行思路的搭建、同时将营销活动分为 4 层，通过线下宣讲、大咖直播间、编程大赛、名企参访等来满足不同用户的需求。

## 6.4　面试时必懂的小技巧

各家公司的面试流程都比较类似，这里想强调的一点就是，接到面试通知后，最好准备一份作业带到现场，最好是你对公司产品的理解分析或公司某产品的体验报告，写出你对产品的理解和建议。你要知道，很多时候你入职后的第一项工作内容就是撰写体验报告，如果你能提前完成并取得面试官的认可，成功的概率会大很多。面试官招聘你的目的就是让你分担工作，如果你对工作内容已经有了一定的了解，那就太棒了。

基本的面试礼这里不过多阐述，总之保持低姿态和专业度去接受面试吧。面试后记得问后续的流程以表达你对职位的渴望和尊重。金融类的产品经理更需要严谨的工作态度，还有对数据的敏感度，在整个沟通过程中，一定要和简历中的逻辑一样，条理清晰，多用“第一、第二、第三”来梳理自己的表达。祝你一切顺利，一路成功！

# 后　记

## 我身边的职场人，都因为不一样的遇见而富有

我特别喜欢的一部电影是《向左走向右走》，还有里面的一首歌《遇见》。

我遇见谁　会有怎样的对白

我等的人　他在多远的未来

……

我遇见你　是最美丽的意外

总有一天　我的谜底会揭开

我们的一生，会经历很多，

相识、相知、相助、相望、相守，

这些人、景、物、地是我们最宝贵的财富。

在繁华时空，在感情世界，很多人都谈过遇见，

谈错过，谈相爱，谈情谊，谈感动，谈恋缘。

可是你会发现这样的故事虚幻而鸡汤，渐渐没有了味道。

什么样的遇见才是影响我们未来的呢？

今天我想和你们谈不一样的遇见，

作为一个产品人和职场人，遇见带给我的种种幸运和机缘。

在同样的时间和空间下，我们如何变得更好更强，更有效率地找到最适合自己的人生。

除了时间的自我珍惜和方向的正确判断外，你会慢慢发现，身边的遇见

是最好的礼物。

我们每天见证着各种创意的孵化，满足着不同用户的各种小愿望，让用户有更舒适和友好的产品体验，让世界更美好更简单更便捷更智能。

产品经理是职场里众多职位中的一类，在互联网圈子里，这个职位又十分抢眼，每个产品经理、运营经理的职业起点和成长路径又各有不同，甚至差异巨大。这样的职位也映射着所有职场人的生存环境。

“混迹”在互联网圈子多年，下面这些景象，你也许同样遇到过或期待着。

## 不一样的遇见

### 遇到一个好导师

古时候有句名言，授人以鱼不如授人以渔。每个阶段，我们都有很多的未知领域需要探究，对知识的渴求，是产品人的素养之一。

如今，每年到了淡淡的五月，毕业生们早已开始四处撒网，争取自己走出校园的第一次蜕变。懵懵懂懂的日子里，他们多么希望能有一个导师告诉他们如何求职和提前模拟进入工作实操状态。

这是一个“00后”短发姑娘的故事。小溪，一名来自荷兰某知名大学的大四学生，专业是工业设计，对毕业后回国就业充满期待和忐忑。但是心里有一个坚定的梦想，想进入互联网圈子，做一名产品设计师或者运营师。

在遇见我前，她自己已经收集了大量的文章、课件和资源包，希望能做好充分的准备来迎接校招的时刻。偶然的机会她听了我的一节免费入门课，更加激发起了对职业的热情和对自己未来的坚定。

在后面的沟通中，我教给她一些快速入门的产品设计窍门和模板，引导她对自己的方向有了更加清晰的认识并成功入职阿里北京。当然，一份好的简历特别重要，我曾手把手教她提炼优点和包装简历。

这样的案例很多，但是相对于每年几十万回国就业的学生和国内近千万的大学毕业生，我的能力微不足道，而市面上鱼龙混杂的碎片知识和大大小小的培训机构令人眼花缭乱。

在寻找导师前，你需要先做一些准备并擦亮眼睛，找到合适的那个人。我给大家几点建议。

- 保持空杯心态、低姿态。对知识输入的节奏不能着急，好的导师会修正你的软件技法和输出物的规范度，而你可能觉得自己已经会了而没有倾听。
- 尊重和珍惜导师的时间。如今，知识付费的时代，没有免费的午餐。没有人愿意无偿地帮助你，因为时间在每个人面前都是平等的。你的求学态度也决定了你的未来。
- 主动沟通和先思考再发问。任何问题理论上都可以用百度搜到答案，不一定完全能懂但是会有一些启发，带着问题发问更有效。那些领导一安排任务，不加思考就发问的人往往让人反感。
- 选择在职负责执行的人而非管理岗位的人。这个观点很多人提过，在选择培训学校时可以借鉴，意义重大。

看懂这几点，有助于你遇见好导师。这几点也适用于任何职位的职场人。

### 遇见一个好 HR

简历是敲门砖，面试是第一道关卡。

很多人怀才不遇，入职一家理想的公司和相亲一样难，遇上一个对的人在纷繁的世界中是一件不容易的事情。不管是小白的第一次求职，还是跳槽人的转换之路，都要经历简历投递和面试的过程。

**在这个过程中，有几件事情特别重要。**

- 简历要包装。一份好的简历可以提升被关注的概率，大家可以在百度搜索简历 STAR 法则，核心点是需要突出数据和业绩。

- 面试的眼缘理论。我和很多面试者聊完后，发现很多共性的问题。比如，根据“像我的人是好人”的法则，面试官在面试时会寻找和自己像的那个人，以谋求团队的和谐和可控，这就是面试的眼缘理论。面试是双向选择，一定不要因为一次的失败而失去信心。在我接触的成功面试案例里面，第一次面试失败的占比极高，经过 2~3 次面试获得成功的人更多一些。

- 面试官的顺序差异。我们知道面试往往有多轮次，有时候第一轮的面试官是 HR，有时候则是老板，套路是不一样的。HR 更多地看你的性格和沟通能力，老板则更关注专业和工作能力方面。不同的顺序各有利弊，一定要针对性作答。

## 遇见一个好老板

有一个互联网求职招聘 APP 的宣传语是：换工作就是换老板。

入职或者跳槽后，一个好领导影响你成长的速度和广度，甚至可能带给你不一样的人生。

你的老板就是你的管理者，规划和管理你的工作内容。

在《管理学概论》里面，管理是这样定义的，管理是通过计划、组织、控制、领导、激励职能的发挥，并通过人来协调物力、财力、信息等资源，以期更好地达到组织目标的过程。

管理是通过管人来管事。你的领导平时骂你，不一定是坏事，这证明你还有受用的价值。如果你发现自己有被架空的感觉，一定要警惕起来。

我们都希望领导除了计划、组织、控制、激励我们以外，还要带我们学习，带我们进步，都希望能遇上一个又善良又帅气又努力又有才又爱玩还愿意悉心传授经验的领导。

可是你看看管理的定义里面，是没有这些内容的。

遇见一个“导师 + 老板”型的老板，是你的幸运。

## 遇见一个好团队

单打独斗不成气候，什么样的领导会组织什么样的局，团队会是什么样的气氛。

很多人一直嚷着要进 BAT，可是你们不知道，一样的公司，不同团队的差异巨大。领导好，团队自然差不了太多。

我在海航集团当产品总监的时候，产品团队的 12 人，都是我一个一个面试来的，各类能力、性格的平衡是门学问。一起拼搏了四年，现在大家的归属都不错，各有特色。

团队讲究平衡性，任何时候都不会一碗水端平，因为平衡并不是平均。而你需要做的就是信任团队，做最好的自己。

在工作中，你有时候会发现，在一段时间，你很忙，被重视，一段时间又觉得被冷落。

**其实在我看来，都是正常的协奏曲。找到自己发力的点不断放大和被认可，你就是这个团队不可或缺的人。**

## 遇见一个好项目

你如果已经在好的公司、好的团队，遇见好的领导，还需要一个好的项目。

在创业公司，项目就是那些，大家分工就好。而在大公司，项目是需要争取的，也会有很多团队在做类似的事情。这就是不同的地方。

一个好项目可以养活一个团队好几年，而遇上一个有伤的项目，那可能需要付出的努力就会多些。

我有一个要好的朋友，放弃一份安稳的工作出来创业，开发了一款专门为“00 后”女生撰写心情手账的产品，由于人群定位精准，商业模式清晰，多彩手账在圈子里面有不错的口碑。作为一款互联网产品，在复杂的商业竞争环境下坚持自己的产品初心是不容易的。能遇到微信这样专心沉淀的团队太难得了，张小龙说用户是第一位的，为了 KPI 而设计的产品是不对的。

这样鼓舞人心的项目值得鼓掌，项目一定要开发完成并上线了才算完成使命。

我们有时候开玩笑，项目上线分几种。有一种项目叫 PPT 上线，项目规划得很完整，汇报很顺利，PPT 汇报材料和商业模式阐述都很精美，可是用户并没有真正看到和使用到。这样的孵化和默默消失的项目很多，我想很多人并不知道。

珍惜自己的项目经历，没有人可以富到赎回自己的过去。

## 遇见一个好知己

在时光的旅程里，很多伟大的事情都因为一个好的团队或一个好搭档而发光。

有人说，生命的遇见是思想的撞击。

马克思遇见了恩格斯，他们的遇见撞击出了光照世界的马克思主义思想。如果没有这场生命的遇见，如果没有这场思想的撞击，世界何时才会见到共产主义的曙光?

施莱登遇见了施旺，他们的遇见撞击出了生物学上的一个重要学说——细胞学说，打开了生物界的大门，成就了一个世界性的辉煌。这场遇见，让他们在思想上更升了一个高度，促进了彼此的进步。

在如今的职场，上班交谈甚欢、下班各自散去的职场常态让我们把工作和生活完全分开，是为了自保，也许也是为了守恒。

遇见知己在职场是不容易的事情，不是你不付出，而是不容易得到回报。

回望我人生的每段路程，在每家公司，都有一个好知己，不能不说是幸运。

工作上可以互相帮衬，在工作能力和产品理念上互相欣赏，领导布置的繁杂任务可以互助，可以为另一个人今晚必须交付的设计文档任务而跟着加班，下班可以一起喝酒 K 歌而忘记上班开会时因为一个创意的争吵，这样的画面会让人产生错觉。

但是这就是职场的知己。在每个公司、每个团队、每个工区都存在着。

当然，内部关系太熟的团队，不利于领导树立威信和压制力，这是领导担忧的事情，需要适当控制。

良好的职场生态，是对团队领导者情商、对公司文化传承的正向鼓励和侧面表彰。

## 找到属于你自己的最好的礼物

人生的华章，随处缀满遇见的诗行。

聊过了如此多的遇见，我相信你也找到了和我交流的频率。后面的路希望我们自己选择。缘分无处不在。

我希望我们在职业道路上，能够获得这样的感悟和精彩回忆，每个人都能遇见那个对的礼物。

鱼在水中游弋，诉说着因遇见水而得以自由生活；鸟立枝头颂歌，感谢因遇见大树而获避风之港。

一个“遇”，一个“见”，千百年来，造就了多少迥异人生和让人传诵的故事。

遇见，是送给每个职场人最好的礼物。